金刚錍

中国佛学经典宝藏

54

王志远 释译

星云大师总监修

人民东方出版传媒
東方出版社

总序

星云

自读首楞严，从此不尝人间糟糠味；

认识华严经，方知己是佛法富贵人。

诚然，佛教三藏十二部经有如暗夜之灯炬、苦海之宝筏，为人生带来光明与幸福，古德这首诗偈可说一语道尽行者阅藏慕道、顶戴感恩的心情！可惜佛教经典因为卷帙浩瀚、古文艰涩，常使忙碌的现代人有义理远隔、望而生畏之憾，因此多少年来，我一直想编纂一套白话佛典，以使法雨均沾，普利十方。

一九九一年，这个心愿总算有了眉目。是年，佛光山在中国大陆广州市召开“白话佛经编纂会议”，将该套丛书定名为《中国佛教经典宝藏》①。后来几经集思广

① 编者注：《中国佛教经典宝藏》丛书，大陆出版时改为《中国佛学经典宝藏》丛书。

益，大家决定其所呈现的风格应该具备下列四项要点：

一、启发思想：全套《中国佛教经典宝藏》共计百余册，依大乘、小乘、禅、净、密等性质编号排序，所选经典均具三点特色：

1. 历史意义的深远性

2. 中国文化的影响性

3. 人间佛教的理念性

二、通顺易懂：每册书均设有原典、注释、译文等单元，其中文句铺排力求流畅通顺，遣词用字力求深入浅出，期使读者能一目了然，契入妙谛。

三、文简意赅：以专章解析每部经的全貌，并且搜罗重要的章句，介绍该经的精神所在，俾使读者对每部经义都能透彻了解，并且免于以偏概全之谬误。

四、雅俗共赏：《中国佛教经典宝藏》虽是白话佛典，但亦兼具通俗文艺与学术价值，以达到雅俗共赏、三根普被的效果，所以每册书均以题解、源流、解说等章节，阐述经文的时代背景、影响价值及在佛教历史和思想演变上的地位角色。

兹值佛光山开山三十周年，诸方贤圣齐来庆祝，历经五载、集二百余人心血结晶的百余册《中国佛教经典宝藏》也于此时隆重推出，可谓意义非凡，论其成就，则有四点可与大家共同分享：

一、佛教史上的开创之举：民国以来的白话佛经翻译虽然很多，但都是法师或居士个人的开示讲稿或零星的研究心得，由于缺乏整体性的计划，读者也不易窥探佛法之堂奥。有鉴于此，《中国佛教经典宝藏》丛书突破窠臼，将古来经律论中之重要著作，做有系统的整理，为佛典翻译史写下新页！

二、杰出学者的集体创作：《中国佛教经典宝藏》丛书结合中国大陆北京、南京各地名校的百位教授、学者通力撰稿，其中博士学位者占百分之八十，其他均拥有硕士学位，在当今出版界各种读物中难得一见。

三、两岸佛学的交流互动：《中国佛教经典宝藏》撰述大部分由大陆饱学能文之教授负责，并搜录台湾教界大德和居士们的论著，借此衔接两岸佛学，使有互动的因缘。编审部分则由台湾和大陆学有专精之学者从事，不仅对中国大陆研究佛学风气具有带动启发之作用，对于台海两岸佛学交流更是帮助良多。

四、白话佛典的精华集萃：《中国佛教经典宝藏》将佛典里具有思想性、启发性、教育性、人间性的章节做重点式的集萃整理，有别于坊间一般“照本翻译”的白话佛典，使读者能充分享受“深入经藏，智慧如海”的法喜。

今《中国佛教经典宝藏》付梓在即，吾欣然为之作序，并借此感谢慈惠、依空等人百忙之中，指导编修；吉广舆等人奔走两岸，穿针引线；以及王志远、赖永海等大陆教授的辛勤撰述；刘国香、陈慧剑等台湾学者的周详审核；满济、永应等“宝藏小组”人员的汇编印行。由于他们的同心协力，使得这项伟大的事业得以不负众望，功竟圆成！

《中国佛教经典宝藏》虽说是大家精心擘划、全力以赴的巨作，但经义深邈，实难尽备；法海浩瀚，亦恐有遗珠之憾；加以时代之动乱，文化之激荡，学者教授于契合佛心，或有差距之处。凡此失漏必然甚多，星云谨以愚诚，祈求诸方大德不吝指正，是所至祷。

一九九六年五月十六日于佛光山

原版序
敲门处处有人应

慈惠

《中国佛教经典宝藏》是佛光山继《佛光大藏经》之后，推展人间佛教的百册丛书，以将传统《大藏经》精华化、白话化、现代化为宗旨，力求佛经宝藏再现今世，以通俗亲切的面貌，温渥现代人的心灵。

佛光山开山三十年以来，家师星云上人致力推展人间佛教，不遗余力，各种文化、教育事业蓬勃创办，全世界弘法度化之道场应机兴建，蔚为中国现代佛教之新气象。这一套白话精华大藏经，亦是大师弘教传法的深心悲愿之一。从开始构想、擘划到广州会议落实，无不出自大师高瞻远瞩之眼光，从逐年组稿到编辑出版，幸赖大师无限关注支持，乃有这一套现代白话之大藏经问世。

这是一套多层次、多角度、全方位反映传统佛教文化的丛书，取其精华，舍其艰涩，希望既能将《大藏经》

深睿的奥义妙法再现今世，也能为现代人提供学佛求法的方便舟筏。我们祈望《中国佛教经典宝藏》具有四种功用：

一、是传统佛典的精华书

中国佛教典籍汗牛充栋，一套《大藏经》就有九千余卷，穷年皓首都研读不完，无从赈济现代人的枯槁心灵。《宝藏》希望是一滴浓缩的法水，既不失《大藏经》的法味，又能有稍浸即润的方便，所以选择了取精用弘的摘引方式，以舍弃庞杂的枝节。由于执笔学者各有不同的取舍角度，其间难免有所缺失，谨请十方仁者鉴谅。

二、是深入浅出的工具书

现代人离古愈远，愈缺乏解读古籍的能力，往往视《大藏经》为艰涩难懂之天书，明知其中有汪洋浩瀚之生命智慧，亦只能望洋兴叹，欲渡无舟。《宝藏》希望是一艘现代化的舟筏，以通俗浅显的白话文字，提供读者遨游佛法义海的工具。应邀执笔的学者虽然多具佛学素养，但大陆对白话写作之领会角度不同，表达方式与台湾有相当差距，造成编写过程中对深厚佛学素养与流畅白话语言不易兼顾的困扰，两全为难。

三、是学佛入门的指引书

佛教经典有八万四千法门，门门可以深入，门门是无限宽广的证悟途径，可惜缺乏大众化的入门导览，不易寻觅捷径。《宝藏》希望是一支指引方向的路标，协助十方大众深入经藏，从先贤的智慧中汲取养分，成就无上的人生福泽。

四、是解深入密的参考书

佛陀遗教不仅是亚洲人民的精神归依，也是世界众生的心灵宝藏。可惜经文古奥，缺乏现代化传播，一旦庞大经藏沦为学术研究之训诂工具，佛教如何能扎根于民间？如何普济僧俗两众？我们希望《宝藏》是百粒芥子，稍稍显现一些须弥山的法相，使读者由浅入深，略窥三昧法要。各书对经藏之解读诠释角度或有不足，我们开拓白话经藏的心意却是虔诚的，若能引领读者进一步深研三藏教理，则是我们的衷心微愿。

大陆版序一

楼宇烈

《中国佛教经典宝藏》是一套对主要佛教经典进行精选、注译、经义阐释、源流梳理、学术价值分析，并把它们翻译成现代白话文的大型佛学丛书，成书于二十世纪九十年代，由台湾佛光文化事业有限公司出版，星云大师担任总监修，由大陆的杜继文、方立天以及台湾的星云大师、圣严法师等两岸百余位知名学者、法师共同编撰完成。十几年来，这套丛书在两岸的学术界和佛教界产生了巨大的影响，对研究、弘扬作为中国传统文化重要组成部分的佛教文化，推动两岸的文化学术交流发挥了十分重要的作用。

《中国佛学经典宝藏》则是《中国佛教经典宝藏》的简体字修订版。之所以要出版这套丛书，主要基于以下的考虑：

首先，佛教有三藏十二部经、八万四千法门，典籍浩瀚，博大精深，即便是专业研究者，穷其一生之精力，恐也难阅尽所有经典，因此之故，有“精选”之举。

其次，佛教源于印度，汉传佛教的经论多译自梵语；加之，代有译人，版本众多，或随音，或意译，同一经文，往往表述各异。究竟哪一种版本更契合读者根机？哪一个注疏对读者理解经论大意更有助益？编撰者除了标明所依据版本外，对各部经论之版本和注疏源流也进行了系统的梳理。

再次，佛典名相繁复，义理艰深，即便识得其文其字，文字背后的义理，诚非一望便知。为此，注译者特地对诸多冷僻文字和艰涩名相，进行了力所能及的注解和阐析，并把所选经文全部翻译成现代汉语。希望这些注译，能成为修习者得月之手指、渡河之舟楫。

最后，研习经论，旨在借教悟宗、识义得意。为了将其思想义理和现当代价值揭示出来，编撰者对各部经论的篇章品目、思想脉络、义理蕴涵、学术价值等所做的发掘和剖析，真可谓殚精竭虑、苦心孤诣！当然，佛理幽深，欲入其堂奥、得其真义，诚非易事！我们不敢奢求对于各部经论的解读都能鞭辟入里，字字珠玑，但希望能对读者的理解经义有所启迪！

习近平主席最近指出：“佛教产生于古代印度，但传入中国后，经过长期演化，佛教同中国儒家文化和道家文化融合发展，最终形成了具有中国特色的佛教文化，给中国人的宗教信仰、哲学观念、文学艺术、礼仪习俗等留下了深刻影响。”如何去研究、传承和弘扬优秀佛教文化，是摆在我们面前的一个重要课题，人民东方出版传媒有限公司拟对繁体字版的《中国佛教经典宝藏》进行修订，并出版简体字版的《中国佛学经典宝藏》，随喜赞叹，寥寄数语，以叙因缘，是为序。

二〇一六年春于南京大学

大陆版序二

依空

身材高大、肤色白皙、擅长军事的亚利安人，在公元前四千五百多年从中亚攻入西北印度，把当地土著征服之后，为了彻底统治这里的人民，建立了牢不可破的种姓制度，创造了无数的神祇，主要有创造神梵天、破坏神湿婆、保护神毗婆奴。人们的祸福由梵天决定，为了取悦梵天大神，需要透过婆罗门来沟通，因为他们是从梵天的口舌之中生出，懂得梵天的语言——繁复深奥的梵文，婆罗门阶级是宗教祭祀师，负责教育，更掌控了神与人之间往来的话语权。四种姓中最重要的是刹帝利，举凡国家的政治、经济、军事、文化等等都由他们实际操作，属贵族阶级，由梵天的胸部生出。吠舍则是士农工商的平民百姓，由梵天的膝盖以上生出。首陀罗则是被踩在梵天脚下的土著。前三者可以轮回，纵然几世轮转都无法脱离原来种姓，称为再生族；首陀罗则连轮回的因缘都没有，为不生族，生生世世为首陀罗，子孙也倒霉跟着宿命，无法改变身份。相对于此，贱民比首陀罗更为卑微、低贱，连四种姓都无法跻身其中，只能从事挑粪、焚化尸体等最卑贱、龌龊的工作。

出身于高贵种姓释迦族的悉达多太子，为了打破种姓制度的桎梏，舍弃既有的优越族姓，主张一切众生皆平等，成正等觉，创立了佛教僧团。为了贯彻佛教的平等思想，佛陀不仅先度首陀罗身份的优婆离出家，后度释迦族的七王子，先入山门为师兄，树立僧团伦理制度。佛陀更严禁弟子们用贵族的语言——梵文宣讲佛法，而以人民容易理解的地方口语来演说法义，这就是巴利文经典的滥觞。佛陀认为真理不应该是属于少数贵族、知识分子的专利或装饰，而应该更贴近普罗大众，属于平民百姓共有共知。原来佛陀早就在推动佛法的普遍化、大众化、白话化的伟大工作。

佛教从西汉哀帝末年传入中国，历经东汉、魏晋南北朝、隋唐的漫长艰巨的译经过程，加上历代各宗派祖师的著作，积累了庞博浩瀚的汉传佛教典籍。这些经论义理深奥隐晦，加以书写的语言文字为千年以前的古汉文，增加现代人阅读的困难，只能望着汗牛充栋的三藏十二部扼腕慨叹，裹足不前。

如何让大众轻松深入佛法大海，直探佛陀本怀？佛光山开山宗长星云大师乃发起编纂《中国佛教经典宝藏》。一九九一年，先在大陆广州召开“白话佛经编纂会议”，订定一百本的经论种类、编写体例、字数等事项，礼聘中国社科院的王志远教授、南京大学的赖永海教授分别为中国大陆北方与南方的总联络人，邀请大陆各大学的佛教学者撰文，后来增加台湾部分的三十二本，是为一百三十二册的《中国佛教经典宝藏精选白话版》，于一九九七年，作为佛光山开山三十周年的献礼，隆重出版。

六七年间我个人参与最初的筹划，多次奔波往来于大陆与台湾，小心谨慎带回作者原稿，印刷出版、营销推广。看到它成为佛教徒家中的传家宝藏，有心了解佛学的莘莘学子的入门指南书，为星云大师监修此部宝藏的愿心深感赞叹，既上契佛陀“佛法不舍一众”的慈悲本怀，更下启人间佛教“普世益人”的平等精神。尤其可喜者，欣闻现大陆出版方东方出版社潘少平总裁、彭明哲副总编亲自担纲筹划，组织资深编辑精校精勘；更有旅美企业家鲁彼德先生事业有成之际，秉“十方来，十方去，共成十方事”之襟怀，促成简体字版《中国佛学经典宝藏》的刊行。今付梓在即，是为序，以表随喜祝贺之忱！

二〇一六年元月

目　录

题解

《金刚錍》是中国佛教天台宗九祖、唐代荆溪尊者湛然大师的一篇著名佛学论文。全篇假设宾主问答，讨论天台一系重要学说，特别发挥了“无情有性”——非情感生命体也有佛性——的独特佛性观点，在唐中期诸宗学说中独树一帜。

金刚錍原是印度医师医治眼翳的一种工具，湛然在此借用，意思是要用常住不灭的法性、如实了解世界本相的智慧以及摆脱一切羁绊束缚而得到的大自在，来对治愚痴障蔽着的众生认识方式及思维方式。湛然在文章中开宗明义地提出，写这篇文章的目的是“抉四眼无明之膜，令一切处悉见遮那佛性”。按佛教经论说，佛有五眼，即肉眼、天眼、慧眼、法眼和佛眼，其中前四眼也为从凡夫到菩萨的一切有情众生所具有。肉眼只有有限的视觉能力；天眼虽具较高的感知能力，然而不能深入事物之本质；慧眼体认到一切现象没有实体，但却不能认识现象千差万别的特殊性；法眼已能认知事物的特殊性，然其所知甚有局限。四眼——四种认识能力——都在或大或小的程度上由愚痴障蔽着，因此不能真正掌握存在的本来面目。抉去四种认识的局限性，使一切生命打开本具佛眼，把世间认识提高到佛观照世界的层次上，像佛那样认识诸法实相，这样就不会再有生命界与自然界的隔绝与对峙，一切事物都圆满地显示着佛性，一切都能成佛，一切本来是佛。所谓“非生命体”，本来只是人类无始以来主客对立的思维方式所设定，事实上，在撤除人类主观心智之藩篱后，墙壁瓦石、树木尘砾、山河大地，一切一切都成为圆满佛性之体现。

湛然这篇文章虽然要对治人们在佛性问题上的各种错误观点，但他矛头所向，则主要批评贤首（华严）宗的佛性理论，文章在“一切众生皆有佛性”和“无情有性”之间反复讨论、反复抉择，即明确针对着贤首宗“情感生命体现象有佛性、非情感生命体则无佛性”的观点。此外，为了运用智者大师的理论论证“无情有性”，《金刚錍》也针对智者“一念三千”的“性具”理论及天台系之判教学说做了极为简练的概括。

湛然（公元七一一—七八二年）主要生活于开元、

天宝时代，正值大唐王朝从极盛的巅峰下滑，安史之乱动摇了王朝的基础，民众饱受战祸涂炭之苦。湛然与唐代许多高僧一样，出身于世代业儒的家庭，却以奇伟的志向，最终选择了出家的道路。他十七岁时离开家乡常州晋陵荆溪（今江苏宜兴南），向南遍游浙东，翌年见到天台宗八祖左溪玄朗。从此，他以十余年的时间修习天台教观，为一生的成就奠定了坚实的基础。三十八岁时，他披剃出家，开讲《摩诃止观》。到四十四岁时，他成为玄朗之后东南一带最享盛名的天台讲师。他撰写了《法华玄义释签》二十卷、《法华文句记》三十卷、《摩诃止观辅行传弘决》四十卷，为中兴天台提供了理论依据。《金刚錍》《止观义例》《法华五百问论》等著作，则驳斥了宗派内外的种种错误见解，为申明天台宗的正统教义做出了积极的努力。湛然的暮年是在天台山国清寺度过的，教诲了许多弟子。其中道邃、行满传教观典籍给日僧最澄，最澄归国后在日本创立了天台宗。

近年来，日本佛教界不断有僧侣来天台山拜谒祖庭。而在天台山前，又发现湛然著《释签》时所居石室。这些均为佛门盛事，与千载之前的杰出人物遥遥相应。

湛然撰写《金刚錍》的直接原因，与其弟子澄观转入贤首（华严）宗之后对“无情有性”观点的攻击有关。澄观认为：“经（《涅槃经》）云‘佛性除于瓦石’，论

(《大智度论》)云‘在非情数中名为法性，在有情数中名为佛性’；明知非情非有觉性。”(见于《华严大疏钞》卷三十)并明确指出：“此段疏为遮妄执一切无情有佛性义。”(见于《钞》卷五十二)在《金刚錍》中，湛然引述了上面的文字，并针锋相对地予以批评。由于有针对性，论点鲜明、论据充分，使湛然此文成为名篇。原本并非湛然首倡的“无情有性”论，却成了佛教史上与湛然之名不可分的思想发展的里程碑。

本论和湛然大师的其他著作一起，在宋初编入《大藏经》，频伽精舍校刊之《大藏经》阳帙第十册亦编录此文。公元一九八三年中华书局出版之《中国佛教思想资料选编》第二卷第一册曾据频伽版印出并标点。今据中华书局版复印，并参照日本版之《大正藏》，由本人重新标点、校勘。

经
典

原典

金刚錍（圆伊[1]金錍[2]，以抉四眼[3]无明之膜，令一切处悉见遮那[4]佛性之指。偏权疑碎，加之以刚。假梦寄客，立以宾主，观者恕之。）

自滥沾释典，积有岁年，未尝不以佛性义经怀，恐不了之，徒为苦行，大教斯立，功在于兹。万派之通途，众流之归趣，诸法之大旨，造行之所期。若是而思之，依而观之，则凡圣一如，色香泯净。阿鼻[5]依正[6]，全处极圣之自心；毗卢身土，不逾下凡之一念。曾于静夜久而思之，思之未已，恍焉如睡，不觉寱云："无情[7]有性。"

仍于睡梦忽见一人云：仆野客也。容仪粗犷，进退不恒，逼前平立，谓余曰：向来忽闻，无情有性，仁所述耶？余曰：然。

注释

①**圆伊：**“圆”指圆融无碍。“伊”指梵音i，i字形为∴。天台宗用以表示法身、般若、解脱三德之间不一不异、不纵不横的关系，也显示了涅槃境界所具有的特征，即法性常住不灭，智慧如实觉了一切法相，得大自在。

②**金錍：**錍，读如“批”音，中国古代江东地区称一种广长而薄镰的箭镞为錍。古印度善眼科医术，随佛教传入中国，可以为盲人割治眼膜以复明，类似现代的除白内障手术，所用工具形似錍，故借其名。金者，指金刚，言其坚硬锋利。以金錍治眼疾的故事，见于《涅槃经》第八《如来性品》：“如百盲人，为治眼故，造诣良医。良医即以金錍抉其眼膜，一指示之，问言见不，答言不见。复以二指、三指示之，问言见不，答言少见。”天台宗对此喻从圆教、别教的差等加以解释。

③**四眼：**指肉眼、天眼、慧眼和法眼，表示四种认识方式及相应之认识能力。肉眼即凡夫俗子肉身之眼，能看到物质世界，即可直接以肉体感受到的事物，只有

世俗的认识能力；天眼是色界天人之眼，能超越物质世界，进入精神世界，看到意念中的事物，普通人可以在禅定中获得这种能力；慧眼是声闻乘、缘觉乘的观察能力，能运用智慧超越意念，达到空谛一切智，照见真空无相；法眼表示菩萨乘的观察能力，能运用智慧把握一切现象存在，达到假谛道种智，照见一切法门。以上四种，前二种为凡，后二种为圣，但都未达到最高智慧，因此本文认为就像眼上有翳膜一样，还有无明未能除尽。只有达到中谛一切种智，即佛眼阶段，才能除尽无明。

④**遮那：**毗卢遮那的略称，也可略称为毗卢，又作毗卢舍那。依照天台宗思想体系，毗卢遮那与卢舍那及释迦牟尼，相应于佛的法身、报身和应身。毗卢舍那，意译为“遍一切处”，即无所不在的终极真理，本文亦称为“真实理体”。

⑤**阿鼻：**意译“无间”，即不停息，代指阿鼻地狱，是地狱中最底层苦难不息之处。此处泛指地狱道。

⑥**依正：**依报和正报。正报指过去所造之业形成业力，聚合五蕴，成就身心。依报指此身心所依止的一切世间事物，也由业力所造。

⑦**无情：**无心识、无感情的生命形式或存在，亦作“非情”。本文译作“非感情生命体”或“自然界”，即

除人类之外的微生物界、植物界，乃至墙壁、瓦石等等。

译文

金刚錍（那玲珑精巧的金刚錍，能消除众生眼中的翳膜；在此，我以之为譬，希望圆满究竟的法身、般若、解脱三种德性，能消除众生的无明愚痴，帮助他们一同领会法身如来的佛性。用金刚般锋锐无比的智慧，粉碎一切方便之谈，显示佛法的究竟道理，这是我的心愿。文章假托梦境，寄以宾主问答，只不过想使深奥的问题变得生动、形象、明了而已，想来读者会见谅。）

自从我接触佛典以来，已经过去好多年了，在我思想里总觉得佛性论是佛教中至关重要的问题，但我深恐自己并不了解为什么要用佛性论作为万行之本，也深恐别人有同样的失误，以致白白地在痛苦烦恼中流转着，不得解脱，我认为大乘佛教所建树的功德就在于从佛性论的角度去开导人们。各宗各派无不共此一道路，一切众生无不以此为归宿，一切教法无不以此为宗旨，一切修行无不以此为所期。像这样去思考佛教，根据这些前提来领会佛性，那么凡人与圣者的差别就会消失，色与香的特异就会泯尽。即使是地狱道的生存时空及地狱道的有情生命，也都包容在佛的自性心中；而如来的清净法身和庄严世界，竟然并没有超出凡夫的现实一念之外！我曾在静夜里反复思索，想来想去不能停息，恍恍惚惚仿佛在睡眠中一般，不知不觉地在睡梦中说道：“非感情生命体也有佛性！”

紧接着就见一个人出现在我面前，对我说：“我只是个没有受到多少佛法教化的不速之客。”看他那样子很粗野，观其行止，也的确没上没下，不合礼仪。他倨傲地站在我跟前，逼视着我，说：“刚才我忽然听到有人大声倡言，非感情生命体也有佛性，这是你说的吗？”我平静地回答他：“正是如此。”

原典

客曰：仆忝寻释教，薄究根源。盛演斯宗，岂过双林[①]最后极唱究竟之谈？而云佛性非谓无情，仁何独言无情有耶？

余曰：古人尚云一阐提[②]无，云无情无，未足可怪。然以教分大小，其言硕乖。若云无情，即不应云有性；若云有性，即不合云无情。

客曰：《涅槃》部大，云何并列？

余曰：以子不闲佛性进否，教部权、实，故使同于常人疑之。今且为子委引经文，使后代好引此文证佛性非无情者，善得经旨，不昧理性，知余所立，善符经宗。

注释

①**双林**：娑罗双树之林，即佛陀涅槃的地方，在古印度拘尸那城。

②**一阐提**：指断善根、坏德行之人。南北朝时，《涅槃经》初传，人们认为一阐提人不能成佛。竺道生以理推断，倡言“一阐提人亦可成佛”，受到排斥。后《涅槃经》全部译出，人们方知道生所言恰合佛说。

译文

来客说：本人虽然根性浅薄，愚鲁不堪，却也有幸稍涉佛典。我以为对佛法宗旨最好的阐释，岂能超过佛最后于《涅槃经》中所谈？可是《涅槃经》中说：“一切众生都有佛性，都能成佛。”明明是说那些非感情生命体并没有佛性，而为什么唯独你却偏要说非感情生命体有佛性呢？

我说：请你不要忘记，在竺道生之前，人们还曾相信世上有一种断了善根的众生不能成佛哩！现在大家又众口一词，认定非感情生命体没有佛性，此何足怪哉！然而教典虽都阐述宇宙真理，但由于大乘小乘的区别，其所讲述的道理就出现了很大的差别。大约小乘就是这么想的：一提到非感情生命体，就排斥其佛性；一提到佛性，就坚持不应指非感情生命体。凡此等等，都必须在充分考虑经典本身的表述性质之后才好下断语。

来客说：可是《涅槃经》就是一部阐述终极真理的大乘经典，为什么它也坚持有生命则有佛性，无生命则无佛性呢？

我说：根本原因在于你不了解“佛性”一词的多重蕴味，不了解其含义的复杂性及递进变化性；其次，你不了解有些经典只是譬喻之谈，有些经典才是终极真理，甚至在同一部经典中，也可能有些部分是譬喻之谈，而另外一些地方才讲终极真理。因此可以说，在佛性问题上，这就使你像普通人那样产生了对“无情有性”的疑惑。现在我将为你详细征引经典原文，说明它的真正意思，使历来那些喜欢引述《涅槃经》文句来证明非感情生命体不具佛性的人们，从此以后善于领会经典而不违背理性，了解我所确立的义理真正符合佛陀经典的本意。

原典

今立众生正因[①]体遍，经文亦以虚空譬之。故三十一

《迦叶品》云：众生佛性犹如虚空，非内非外。若内外者，云何得名“一切处有”？请观“有”之一字，虚空何所不收？故知经文不许唯内专外，故云非内外等，及云如空。既云众生佛性，岂非理性正因？！

次，迦叶问：云何名为“犹如虚空”？佛乃以“果地无碍”而答迦叶，岂非正因因果不二？！由佛果答。

迦叶乃以权智断果，果上缘、了②悉皆是有，难佛空喻、法喻不齐。故迦叶云：如来、佛性、涅槃是有，虚空应当亦是有耶？佛先顺问答，次复宗明空。

注释

①**正因**：与缘因、了因三者共同构成天台宗的佛性论体系。天台宗的思维方式是“一分为三”，推崇中道，不舍两边，三谛圆融。正因佛性，即众生本具之理性，既是原本就具备的，也是经过实践和认知才可成就的。这是成佛的理性依据，所以称为“正因”，即主要的根本的依据。本文中与“真实理体”同义。

与正因密切相关的是缘因、了因。缘因佛性，指为成就正因而修习实践、积造功德；了因佛性，指为成就正因而开发智慧、明了究竟。缘、了二因是成就正因的必要条件，也是正因所达到的第一义谛中所包含的内容。

②**缘、了：** 即缘因、了因，参见注①“正因”条。

译文

首先，我要提出“正因佛性在一切事物中普遍存在”这一观点，《涅槃经》中是用虚空来比喻这个遍一切处存在即无所不在的正因佛性的。因此经文第三十一卷即《迦叶品》这样说：“众生的佛性就像虚空一样，既不局限于众生身体之内，也不局限于众生身体以外。如果佛性局限在生命体的内部或外部，又怎能说它像虚空一样在一切地方都存在呢？”请你细细体会经文中的这个“存在”（有）一词，对于虚空来说，什么地方不是存在，什么东西不是存在呢？据此我们懂得，《涅槃经》是不允许把“佛性”专属于生命体之内部，也不允许使之专属于生命体之外部的，所以经中说“佛性不在内也不在外，不在中间也不离内外”，又说“佛性如同虚空”。现在《涅槃经》讲到包容一切存在现象的众生佛性，这难道不正指作为正因佛性的真实理体，即万事万物的本来相貌、真实特性吗？

其次，迦叶问佛陀：为什么用“犹如虚空”这一譬喻呢？佛陀就用“果地无碍”来回答，意思是说，到成佛阶段，一切差别都不存在了，存在的只是虚空。佛陀的这个绝妙回答，难道不正说明正因佛性无论在修行位、因位，还是在成佛位、果位，只是一个吗？佛是从成佛果位的角度来阐明像虚空一样遍一切处存在的作为正因佛性的真实理体的。

而迦叶则根据非究竟的智慧，从修行解脱的初步成果这一层次来了解佛性，即把佛性单纯看成被称作“缘因佛性”的功德慈悲实践及被称作“了因佛性”的认识真理之正智慧。由于一切生命具有实践慈悲、认识真理之禀性、德行或可能性，从而说一切生命具有佛性、一切众生皆有佛性。而无生命的外界事物则不具备实践能力和认知能力，因而佛性并非遍一切处存在。迦叶从这样的角度来和佛辩论，坚持佛所用“佛性如虚空”的譬喻在表意上有矛盾，即是说：虚空无所不在、包容一切，而佛性则非遍一切处存在。所以迦叶争辩说：如来、佛性（指缘、了二性）、涅槃是具体存在的东西，如果说“佛性如虚空”，那岂不是说虚空也成了具体存在的事物了吗？于是佛首先针对迦叶的思想和他展开辩论，其次再回到对“虚空”这个譬喻的分析上来。

原典

先顺问云：为非涅槃，说为涅槃，非涅槃者，谓有为烦恼；为非如来，说为如来，非如来者，谓阐提二乘[①]；为非佛性，说为佛性，非佛性者，谓墙壁瓦砾。今问若瓦石永非，二乘烦恼亦永非耶？故知经文寄方便教说三对治，暂说三有，以斥三非。

故此文后便即结云：一切世间无非虚空对于虚空。佛意以瓦石等三，以为所对，故云对于虚空。是则一切无非如来等三。

迦叶复以四大[②]为并，令空成有，故迦叶云：世间亦无非四大对四大，是有虚空无对，何不名有？迦叶意以空无对，故有之大也。佛于此后舍喻从法，广明涅槃不同虚空。若涅槃不同，余二亦异。

故知经以正因结难，一切世间何所不摄？岂隔烦恼及二乘乎？虚空之言何所不该？安弃墙壁、瓦石等耶？佛后复云：空与涅槃，虽俱非世摄，涅槃如来有证有见，虚空常故，是故不然。岂非正与缘、了不同？

注释

①**二乘：**声闻乘与缘觉乘。直接听闻佛陀之教说，依四谛理而觉悟者，称声闻乘；不必亲闻佛陀之教说，系独自观察十二因缘之理而获觉悟者，称缘觉乘。

②**四大：**指地、水、火、风四种构造宇宙万物的物

质元素及其坚、湿、暖、动等四种性能。

译文

首先，佛针对迦叶的思想问道：正是为着那些非究竟安乐之事物，才说到究竟、真实、安乐的最高境界，即涅槃，所谓非究竟安乐之事物，指生灭变化的种种烦恼；正是为着非佛之众生，才说到成佛、成如来，所谓非佛之众生，指那些已断善根或趋入解脱一途之生命；正是为着那些尚未展示其佛性之事物，才说到成就佛性，所谓尚未展示佛性之事物，指的正是墙壁、瓦砾之类无感情生命的外在世界。请仔细体会这段经文，现在我要问你：假若墙壁、瓦砾等永远被绝对排斥在佛性之外，那么岂不是说生灭烦恼永远被绝对排斥在究竟安乐之外，断善根或趋入解脱之生命也永远被绝对排斥在如来之外了呢？回答只能是否定的。所以说此处经文是以方便方式讲三种对治，即假设以三种终极存在排遣三种非终极之存在，以便对治它们，而并非是说，三种非终极存在绝对不具备三种终极存在之清净本性！

因此，此段经文后，佛马上做出结论说：要谈到对世界上一切存在的真实了解，那么可以说此种事物面对彼种事物，都像虚空面对虚空！佛陀在这里把墙壁、瓦砾等三种非终极的存在当作所面对之事物，这三种事物都不是真实永恒的存在，所以说像面对虚空。按这个说法，那么也可以说，世界上的一切只是涅槃、佛性、如来这三种终极存在。

迦叶接着又拿四种物质元素（四大）来和虚空相提并论，把虚空看成类似物质实体的存在物，所以迦叶说：一切世间事物，也可以说成是四种物质元素面对四种物质元素，因此虚空失去了相对存在的位置，为什么不可以说虚空也只是实有的一部分呢？迦叶之意，是以虚空不是相对而存在的，来表明实有的包容最大，是绝对的。迦叶的上述理解有把虚空视为实体的隐患，所以迦叶说完之后，佛陀就舍去了“虚空”这个譬喻，而直接地说明道理。他强调说：真实、究竟、安乐之最高境界是绝对不能被设想成某种实体式的虚空的。那么由此推论，佛性和如来也应和虚空不同。

由此可以了解到，佛经对涅槃与虚空之辨别，是针对迦叶的一系列诘难而做出的，佛先提出“佛性如虚空无所不在”的观点，进而当迦叶对“虚空”的理解隐含着实体化倾向的错误时，佛又提出佛性非如虚空。由此可以得出结论，佛陀的这段经文事实上是以正因佛性来解说佛性的，也就是把一切事物、一切现象本来具有的真实理体当作佛性。因此世间一切事物中有什么不能加以包容呢？难道会把生灭烦恼及已断善根或趋入解脱的生命等世间事物排斥到“一切事物”之外吗？“虚空”一词内涵完备，难道一定要把墙壁、瓦砾等种种非感情生命体排除在“虚空”之外吗？佛陀后来又接着说：虚空与涅槃、佛性等等一样，都不是摄引众生的世间方便法，但是涅槃、如来可以通过直觉直契或审慎地思虑、推求加以抉择，而虚空无生灭变化，永恒常在，本来具足，所以和前二者有所不同。这难道不正显示万法本来具足的正因佛性与以智慧照了真如之理的了因佛性，和以一切善行作为助缘的缘因佛性之间的不同么？

原典

次，佛复宗显空非有故，恐世人以邪计空为佛性喻，更以一十复次，而遮其非。

初云，世人言：虚空者，名为无色、无对、不可见。佛言：此即心所[①]，三世所摄。语似心所，故佛破之。世言身内，何殊心所？

复次，外道言：虚空者即是光明。佛言：亦是色法。世言身内，何殊色法？有云：住处。世言身内，岂非住处？

有云：次第。世言身内，必须随身刹那时运。有云：

不离三法，一空，二实，三者空实。佛言：若言空者，有处无故；若言实者，空处无故；若言空实，二处无故。世言身内，犹阙外计空及二俱。有云作法，如去舍等。世言身没，与真相应，即同作法。

有云：无碍处。佛言：有分有具，余处无故。世言身内，余处则无。

有云：与有并合。佛言：合有三种，一、如鸟投树；二、如羊相触；三、如二指已合。世言身内如二指合。

有云：如器中空。世言身内，何异器中？

有云：所指之处。佛言：则有方面，世言身中，岂非方面？

佛总结云：从因缘生皆是无常。故此一十邪计虚空，非佛性喻。是无常故，三世摄故，虚空异彼，遍一切处。此违迦叶问，复宗符空，以喻正因。

注释

①**心所：**心所有法的略称，指由于心识的作用而产生的各种心理活动，包括贪欲、嗔怒等等，唯识宗将其分为五十一种。

译文

此后，佛陀回到开始由之出发的那个譬喻上来，说明虚空的存在并不像一般人所认定的那样是因为实有才存在的，佛陀担心一般人用虚妄分别的实体性概念思维来理解“众生佛性犹如虚空”的譬喻，所以他在经文底下部分，从十个方面反复否定其错误。

下面就是佛对世俗空间概念的破斥。首先，世俗人所谓虚空，意指没有形象、没有质碍、不可凭肉眼看见等。佛认为，依照这个说法，虚空便成了在过去、现在、未来的时间框架中的心理现象。心理活动没有形象、没有质碍、不能直接被肉眼觉知，这种描述把虚空说得与心理活动一样，因此佛要予以否定。世人所谓身内之虚空，同心理活动究竟有何差别？

其次，佛教教外有些人主张说：虚空就是光明。佛破斥说：光明也不过是具有质碍性而占据了空间的物质存在罢了！世人所谓身内之虚空，跟那占据了空间的质碍之物究竟有何差别？有人说道：虚空是托身安住的场所。世人所谓身内之虚空岂不正是指身体安住的场所吗？

有人说虚空是次第变化之事物。世人所谓的身内之虚空必须跟身体一起刹那生灭，这样虚空岂不也成了次第变化之事物？有人说一切存在不外三种状态：其一是虚空，其二是实体，其三是虚空和实体并存。佛破斥说：假若说到虚空，那是因为没有实体的存在；假若说到实体，那是因为没有虚空的存在；假若说到虚空、实体并存，那就成了既没有虚空也没有实体，决不可能。世间常讲身内之虚空，相比之下，还缺少身外之虚空及虚空、实体并存等等说法。有人说虚空是动作，就像人离开房屋那样。世人说身体死了，精神便从躯壳里解脱出来，与真实的本体相应合，这个过程就是动作，也就是虚空。

有人又说虚空就是没有障碍的地方。佛破斥说：有一些地方没有障碍，另外一些地方则有障碍，那么虚空成了既有部分存在又有整体存在。世间人所谓身内之虚空，也是其他地方所不具有的。

有人说，虚空同事物合在一起。佛破斥说：所谓“合”有三种情况：其一，如鸟投栖大树，鸟的身体同树身合在一起；其二，如两羊相触，羊角紧张抵触而合在一起；其三，如人手上两个相连的指头自然地并列在一起。世人所谓身内之虚空同身体合在一起，其情形只如两指并列的情况一样，这样虚空仍然被了解为一种形体存在。

有人说虚空像容器中的空间。世人所谓身内之虚空，即将虚空限制在身体范围以内，这同容器中的空间究竟有何差别?

有人说虚空随所指处都存在。佛破斥说：既然随所指示，那么也就有了方向。世人所谓身内之虚空，这岂不给虚空设立了方向?

最后，佛总结说：在一定条件下发生出来的事物，是不能永恒的、生灭、变化之物，因此以上十种通过虚妄分别意识构画出来的虚空概念，同“佛性如虚空”这一譬喻中所意指的虚空含义完全不同。前者是生灭变化的，是处在时间性流动过程中的，真正的虚空与之不同，是无所不在的。这样佛陀否定了迦叶在理解上的实体化倾向，用常住不灭无所不在的虚空概念来譬喻一切事物的真实理体，说之为正因佛性——成佛的真正原因。

原典

世人何以弃佛正教，明于邪空?云何乃以智、断果上，缘、了佛性，以难正因?如来是智果，涅槃是断果，故智、断果上，有缘、了性。所以迦叶难云：如来、佛性、涅槃是有。世人多引《涅槃》为难，故广引之以杜余论。子应不见《涅槃》之文，空教世人瓦石之妨。缘、了难正，殊不相应。此即子不知佛性之进否也。

况复以空譬正，缘、了犹局，如迦叶所引三皆有

《中国佛学经典宝藏》

华人佛学界顶级专家团队编撰。大陆首次引进简体中文版。

读得懂，买得起，藏得下的"白话精华大藏经"。

《中国佛学经典宝藏》白话版系列丛书，共计132册，由星云大师总监修，大陆、台湾百余专家学者通力编撰而成。

丛书依大乘、小乘、禅、净、密等性质编号排序，将古来经律论中之经典著作，依据思想性、启发性、教育性、人间性的原则，做了取其精华、舍其艰涩的系统整理。每种经典都按原文、注释、译文等体例编排，语言力求通俗易懂、言简意赅，让佛学名著真正做到雅俗共赏；还以题解、源流、解说等章节，阐述经文的时代背景、影响价值及在佛教历史和思想演变上的地位角色。丛书还开创性地收录了一些有代表性的现代读本。

星云大师总监修

"人间佛教"的践行本

专家推荐

星云大师常常说，佛学不是少数人的专利，它应该是每一个人都能够接触的。这套书推动了白话佛学经典的完成。

——依空法师

佛光山长老，文学博士，印度哲学博士

星云大师对编修《中国佛学经典宝藏》非常重视，对经典进行注、译，包括版本源流梳理，这对一般人去看经典、理解经典的思想，是有帮助的。

——赖永海

南京大学教授，旭日佛学研究中心主任

《中国佛学经典宝藏》精选了很多篇目，是能够把佛法的精要，比较全面地给予介绍。

——王志远

中国社会科学院研究生院导师，中国宗教协会副会长

传统大藏经 VS 中国佛学经典宝藏

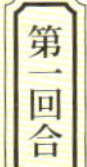

传统大藏经		中国佛学经典宝藏
卷帙浩繁 普通人阅读没头绪、没精力、看不懂。	VS	**精华集萃** 星云大师亲选132种书目，提纲挈领，方便读经。

传统大藏经		中国佛学经典宝藏
古文艰涩 繁体竖排 佛经文辞晦涩，多用繁体竖排版：读经门槛高。	VS	**白话精译 简体横排** 经典原文搭配白话精译，既可直通经文，又可研习原典。

传统大藏经		中国佛学经典宝藏
经义玄奥 难尝法味 微言大义，法义幽微，没有明师指引难理解。	VS	**专家注解 普利十方** 华人佛学界顶级专家精注精解，一通百通。

《中国佛学经典宝藏》目录

编号	书名
1	中阿含经
2	长阿含经
3	增一阿含经
4	杂阿含经
5	金刚经
6	般若心经
7	大智度论
8	大乘玄论
9	十二门论
10	中论
11	百论
12	肇论
13	辩中边论
14	空的哲理
15	金刚经讲话
16	人天眼目
17	大慧普觉禅师语录
18	六祖坛经
19	天童正觉禅师语录
20	正法眼藏
21	永嘉证道歌 · 信心铭
22	祖堂集
23	神会语录
24	指月录
25	从容录
26	禅宗无门关
27	景德传灯录
28	碧岩录
29	缁门警训
30	禅林宝训
31	禅林象器笺
32	禅门师资承袭图
33	禅源诸诠集都序
34	临济录
35	来果禅师语录
36	中国佛学特质在禅
37	星云禅话
38	禅话与净话
39	释禅波罗蜜次第法门
40	般舟三昧经
41	净土三经
42	佛说弥勒上生下生经
43	安乐集
44	万善同归集
45	维摩诘经
46	药师经
47	佛堂讲话
48	信愿念佛
49	精进佛七开示录
50	往生有分
51	法华经
52	金光明经
53	天台四教仪
54	金刚錍
55	教观纲宗
56	摩诃止观
57	法华思想
58	华严经
59	圆觉经
60	华严五教章
61	华严金师子章
62	华严原人论
63	华严学
64	华严经讲话
65	解深密经
66	楞伽经
67	胜鬘经
68	十地经论
69	大乘起信论
70	成唯识论
71	唯识四论
72	佛性论
73	瑜伽师地论
74	摄大乘论
75	唯识史观及其哲学
76	唯识三颂讲记
77	大日经
78	楞严经
79	金刚顶经
80	大佛顶首楞严经
81	成实论
82	俱舍要义
83	佛说梵网经
84	四分律
85	戒律学纲要
86	优婆塞戒经
87	六度集经
88	百喻经
89	法句经
90	本生经的起源及其开展
91	人间巧喻
92	大乘本生心地观经
93	南海寄归内法传
94	入唐求法巡礼记
95	大唐西域记
96	比丘尼传
97	弘明集
98	出三藏记集
99	牟子理惑论
100	佛国记
101	宋高僧传
102	唐高僧传
103	梁高僧传
104	异部宗轮论
105	广弘明集
106	辅教编
107	释迦牟尼佛传
108	中国佛教名山胜地寺志
109	敕修百丈清规
110	洛阳伽蓝记
111	佛教新出碑志集萃
112	佛教文学对中国小说的影响
113	佛遗教三经
114	大般涅槃经
115	地藏本愿经外二部
116	安般守意经
117	那先比丘经
118	大毗婆沙论
119	大乘大义章
120	因明入正理论
121	宗镜录
122	法苑珠林
123	经律异相
124	解脱道论
125	杂阿毗昙心论
126	弘一大师文集选要
127	《沧海文集》选集
128	《劝发菩提心文》讲话
129	佛经概说
130	佛教的女性观
131	涅槃思想研究
132	佛学与科学论文集

者，此乃《涅槃》带权门说，故佛顺迦叶，三皆是有。若顿教实说，本有三种，三理元遍，达性成修。修三亦遍。欲示众生本有正性，且云正遍犹如虚空；欲赴末代以顺迦叶，岂非迦叶知机设疑？故佛覆实，述权缘了。此子不知教之权、实。

译文

人们为什么总是违背佛的正确教诲，思想总是在错误的实体性虚空概念上打着转转呢？为什么总要根据获得觉悟的缘因佛性及获得解脱的了因佛性，来非难作为正因佛性的一切法从本以来所具足的真如之理呢？在这里，如来指觉者，是觉悟之成果，说为智果；涅槃是究竟安乐之境界，是解脱烦恼之成果，说为断果。因此根据两种修行成果假说二因佛性，智果体现的是以善行作助缘而生起智慧的缘因佛性，断果体现的是生起照了真如之理智慧的了因佛性。因此，迦叶责难说：如来、佛性、涅槃这三者都是具体存在着的事物吗？世上讨论佛性问题的人都喜欢引述《涅槃经》中的以上这些话来发难，所以上面我详细地分析了这段经文，希望将来的人在这个问题上不致再有糊涂看法。你大概未能仔细研究《涅槃经》的这段话，所以你同一般人一样，执着着世俗知见，坚持认为非感情生命体不具有佛性。这其实是拿缘因佛性、了因佛性来非难正因佛性而已，所以这样理解经典是很不符合道理的。因此，我在前面说过，这就是因为你不了解“佛性”一词的复杂用法、多种意蕴。

其次，用“虚空”形容佛性之无所不在、无处不在，缘、了二因同虚空相比，则各有局限性，所以迦叶所谓“如来、涅槃、佛性这三者都是具体存在着的事物”，此一说法乃《涅槃经》中附带方便而谈，并非究竟道理，佛陀不过随顺迦叶之说法而分析“三者皆有”而已。如果根据圆顿教法，那么可以说，一切事物本具三种佛性（正因佛性、缘因佛性、了因佛性），这三种佛性原本是相互圆融而没有局限的，只有在通达万事万物本具三种佛性的道理后，所谓修行才称得上是真正的修行。而且即使在修行活动的整个展开过程中，三因佛性也都是圆满具足、普遍而没有局限。《涅槃经》一方面开示众生一切事物本具正因佛性，说此正因佛性犹如虚空、无所不在；另一方面又为着众生实际践修的方便，随顺迦叶，把佛性看成是具体的有限制性的事物。而且真正说来，迦叶难道不了解佛教教法的宗旨？只不过因为迦叶深知未来世代修行人的狭隘根性，所以故意和佛假设问答而已。正因如此，佛把真正的道理隐藏着，暂设方便开示缘因、了因二种佛性，讲说实践行和正智慧在开展中推动修行成果之逐步实现，讲说一切生命体皆本具实践和认识二种能力。此属佛之苦心孤诣，期望有利未来时代人们的实际践修。所以我在前面也说过，你不懂得教法有方便和究竟的区分。

原典

故《涅槃》中佛性之言，不唯一种，如《迦叶品》下文云：言佛性者，所谓十力[①]、无畏[②]、不共[③]、大悲[④]、三念[⑤]、三十二相、八十种好。子何不引此文，令一切众生亦无？何独瓦石？若云此是果德，众生有此果性者，果性身土何不沾于瓦石等耶？

又若许因有果性者，世何但云十方诸佛同一法身、力、无畏等，而不云生、佛亦同法身、力、无畏等，使一尘一心无非三身三德之性种也？若言但有果地法身性者，何故经云十力、无畏乃至相好？

又复经中，阐提等人四句[⑥]辩性，子云众生有性，为何众生？有何等性？瓦石为复无四句耶？

又第六、第九及三十二，皆以杂血[⑦]五味，用对凡夫三乘及佛，何故佛性在人差降不同？又二十七云：若修八正，即见佛性。《婆沙》《俱舍》悉有八正，乃至诸经咸有道品，为修何八正？见何佛性？故子不知佛性进否。

注释

①十力：如来的十种智力，分别是：（一）知处非处智力，即明了一切因缘果报正确得当与否；（二）知三世业报智力，即明了一切众生三世因果业报的来龙去脉；（三）知诸禅解脱三昧智力，即明了一切禅定的过程与结果的精髓；（四）知根上下智力，即对一切众生根性优劣、果位高低一一明了；（五）知种种解智力，即明了众生接受佛法的智力有所差等；（六）知种种界智力，即明了众生所处的环境有所差别；（七）知一切至处道智力，即对天上人间乃至涅槃境界，都明了其行因所至；（八）知天眼无碍智力，即可以用天眼来观察一切众生轮回流转、善恶报应；（九）知宿命无漏智力，即不仅了解宿命，而且了解涅槃的最高境界；（十）知永断习气智力，即断绝一切迷妄、疑惑的习气，永不复生。以上十力，不同经典版本的说法略有不同。

②无畏：佛之四无畏，（一）一切智无所畏，即把握了一切正确的智慧，没有怖畏之心；（二）漏尽无所畏，即断尽一切烦恼，没有怖畏之心；（三）说障道无所畏，即指出破除惑业等各种障碍的正确方法，没有怖畏之心；（四）说尽苦道无所畏，即指出戒、定、慧等正确的方法去断除苦道，没有怖畏之心。

③**不共**：即不共法，指佛的功德与其他功德不同。小乘、大乘各提出十八种不共法。这里所说的十力、四无畏、大悲、三念住，即小乘十八不共法。

④**大悲**：即使一切众生都从苦痛中解脱救拔出来。大，有普遍义；悲，有救苦义。

⑤**三念**：即三念住或三念处，指佛的三种安详的心态。第一念住，众生信佛，佛亦不喜；第二念住，众生不信佛，佛亦不忧；第三念住，众生之中，有的信佛有的不信佛，佛亦不喜亦不忧。总之，无论别人是否信仰，佛自身都能安住于正智正念而不动摇迷惘。

⑥**四句**：指“二人俱有正因性，二人俱无不退性；善根人有修善无修恶，阐提人有修恶无修善”。引此句意在证明论佛性时只提到了善根人和阐提人，并没有论及瓦砾。

⑦**杂血**：指《涅槃经》卷三十二：“众生如杂血乳，须、斯二果如净乳，阿那含如酪，阿罗汉如生酥，辟支佛如熟酥，佛如醍醐。”引此句意在证明虽然人皆为有情，“性”却有差等。

译文

因此我们说，《涅槃经》中“佛性”一词的内涵绝非一样，如《迦叶品》下面这段话：“所谓佛性，指的是如来十种特殊的力量、四种坦荡无畏之精神、佛所独具的殊胜大悲心、在三种情况下总保持正念正智，等等；所谓佛性，指的是佛的应化身上三十二种美好可爱之处，也指佛的报身上八十种殊胜庄严之处，等等。”你们为什么不引述上面这段文字，让一切凡俗众生都被排斥在佛性之外呢？难道仅仅墙壁瓦石之类不具备佛身上那些庄严之德性吗？如果你说“十种特殊的力量”如是等等，指佛果位上的德性，而众生则的确有创获此果之可能性，那么又有什么理由不把这些得果的可能性推广到一切事物身上去呢？

其次，如果允许因位具备果德的可能性，并说之为“佛性”，那么世人为什么只说十方诸佛同具清净真理之身，同有庄严微妙德性，为什么不说众生和诸佛一样同具上面所述种种殊胜德性，从而使得一切物质一切精神都作为庄严德性之潜在可能呢？再次，如果说只有达到果位、成就佛之法身才能称为有佛性，那么经典中为什么又提到十种特殊的力量、四种无畏精神乃至八十种好、三十二相等等呢？

再次，经中特别提到断善根之人，并就断善根之人有无佛性问题展开四句辩论，你们认为众生有佛性，究竟指的哪种众生？究竟具备哪种佛性呢？难道针对墙壁、瓦石等等外在事物就不能展开四句辩论了吗?

再次,《涅槃经》第六卷、第九卷及第三十二卷,都用杂血五味来譬喻凡夫、声闻、缘觉、菩萨和佛这几个修习层次,为什么同样是人而佛性会有层次差降的不同呢?最后,第二十七卷说:“假若能按八种正确的方式修习,就能见到佛性。”就连小乘的《大毗婆沙论》《俱舍论》等也都论述过八种正确的修行方式,乃至于许多经典中都专门设置道品,现在我要问,“八正道”云云,究竟指修习什么样的八种方式,又分别见到哪种佛性呢?所以我断言,你不懂得佛典中“佛性”这个词用法的复杂性和意蕴的丰富性!

原典

客曰:何故权教不说缘、了二因遍耶?

余曰:众生无始计我、我所,从所计示,未应说遍。《涅槃经》中带权说实,故得以空譬正,未譬缘、了。若教一向权,则三因俱局,如别初心闻正亦局,藏性理性一切俱然。所以博地闻无情无,依迷示迷,云能造是;附权立性,云所造非。

又复一代已多显顿,如《华严》中依、正不二,普贤、普眼三无差别;《大集》染净一切融通;《净名》不思议毛孔含纳；《思益》网明无非法界；《般若》诸法混同无二；《法华》本末实相皆如；《涅槃》唯防像末谬执，分正、缘、了，别指方隅。若执实迷权，尚失于实；执权迷实，则权、实俱迷。验子尚昧小乘虫心，故暗大教心外无境。

译文

来客说：既然如您所说，佛性可约略分析为正因、缘因、了因三个层次，且三因佛性都具有充分的圆满性和普遍性，那么方便言教为什么不阐说缘、了二种佛性的普遍圆满性呢？

我说：众生无始以来就虚妄地执着着主客之间的对立对峙，根据众生认识、思维上这种对立对峙的实际情形，即不应该阐释二因佛性的普遍性、圆满性。《涅槃经》中在以方便解说的同时显示真实，并非纯粹发挥究竟道理，因此它用无所不在的虚空譬喻正因佛性，却不用它来譬喻另外两种佛性。假若教法只是一种，都采用方便之谈，那么三因佛性都会局限而不普遍，如有针对性的教法（别教）中，最初层次的修行人听到正因佛性后，在他心识上就把普遍圆满的正因佛性理解成有局限的了，清净心或真实理体，这些概念也都同样有局限，皆视众生的心理结构而转移。所以在菩萨地以前的广大修行位次上，大家总是听到非感情生命体没有佛性的言教，这是根据众生的虚妄习性来方便教化他们，说凡是有造就事物的主动能力的就有佛性；这样根据方便说教来确定佛性之后，便说凡是被造就的、没有主动能力的就没有佛性。

其实，在佛方便开导的一代教化中，已经在很多地方明确讲过或提示过究竟道理，例如《华严经》中特别强调不能把众生所感应到的生命身体同外部世界看成两样东西，在普贤、普眼菩萨中说道，生命体、生命元素以及自然界这三种现象没有任何差别；《大集经》中说到生命中的染污成分和净化成分应该完全融通；《净名经》说一毛孔之中不可思议地涵容整个三千大千世界；《思益经》中说种种烦恼完全是真理现身；《般若经》中则力主一切事物之平等无差别；《法华经》中说一切事物的本质与现象归根结底都圆融无碍；《涅槃经》中只是为着对治末代众生的偏见、执着，所以才把佛性分成正因、缘因和了因三种，分别指出方向和范围。如果执着于究竟道理，却不懂得方便教法的意义，那当然由于执着究竟道理而造成失误；但如果执着于方便之谈，却不懂得一切言教的真实意义，那实在是连方便和真实都一同丢掉了呀！看起来你还是局限于小乘佛教“一切由心所造”的道理，所以不明了大乘佛教主张的“心识是主客不可分的整体，既是能造也是所造，因此没有独立于心识之外的实体”这些高深道理呢！

原典

客曰：《涅槃》岂唯兼带说耶？

余曰：约部通云一切兼带，部中品内或实或权。如申迦叶难，别为末代一机而已，则权、实并明。若一向权，如恒河中七种众生；若一向实，如三点[①]、二鸟[②]、三慈[③]、十德[④]等。他皆准知，不可具述。如云色常，色言岂不收于一切依正？何故制空，令局限耶？此世人不知教之权、实，如二乘人处处闻大，尚至《法华》方信己性，悔来至此，财非己有。此岂非子不知父性耶？闻开权已，方云口生[⑤]、化生[⑥]有分。故《涅槃》中犹恐未来一分有情不信己身有如来性，及谓阐提未来永断，示令知有及以不断，岂部内诸文全无顿耶？

今搜求现未，建立圆融，不弊性无，但困理壅，故于性中点示体遍傍遮。偏指清净真如，尚失小真，佛性安在？他不见之，空论无情性之有无，不晓一家立义大旨。故达唯心、了体具者，焉有异同？若不立唯心，一切大教全为无用；若不许心具，圆顿之理乃成徒施。信唯心具，复疑有无，则疑己心之有无也。

故知一尘一心即一切生、佛之心性，何独自心之有无耶？以共造故，以共变故，同化境故，同化事故。故世不知教之权、实，以子不思佛性之名从何教立；无情之称，局在何文。已如前说。

余患世迷，恒思点示，是故寱言“无情有性”。何谓点示？一者示迷，元从性变；二者示性，令其改迷。是故且云“无情有性”。

注释

①**三点：**天台宗以∴来譬喻法身、般若、解脱三种果德，又称“伊字三点”。佛教以这种形象图示说明三者之间的时间和空间关系，非纵非横，圆融一体。这种图示形象与禅定的观想也有密切联系，如《童蒙止观》中讲到的“令心住悬中”。

②**二鸟：**迦邻提或鸳鸯这两种鸟的习性是雌雄同游永不分离，《涅槃经·鸟喻品》以此来比喻常与无常、苦与乐、空与不空等事法与理法相即不离的关系。

③**三慈：**三种慈悲。（一）众生缘慈悲，凡夫或未断烦恼者以慈悲心对待一切众生，如父母手足，常思与乐拔苦；（二）法缘慈悲，断烦恼的三乘圣人对众生不知法

空起慈悲心，常思以法理与乐拔苦；（三）无缘慈悲，得到最高智慧、终极真理的佛，心无所缘，但使一切众生自然获得拔苦与乐之益。

④**十德**：《大般涅槃经·光明遍照高贵德王菩萨品》载，菩萨因修行《大涅槃经》，可得十事之功德。即(一)入智功德，观解趣实，称为入智；（二）起通功德，妙用随缘，称为起通；（三）大无量功德，化心深广，称大无量，即菩萨无缘大悲心，如虚空无所分别，而能普益一切众生；（四）十利益成就功德，行德建立，称为利益成就；（五）五事报果成就功德，报果成就即胜报圆具之意；（六）心自在功德，即具金刚定，所为无碍，为诸三昧中第一；（七）修习对治功德，即善于修习四种离过道；（八）对治成就功德，解脱德立，称为对治成就；（九）修习正道功德，习正道即起修上顺之意；（十）正道成就功德，修习三十七道品，入大涅槃之常乐我净，宣说《大涅槃经》，显示佛性。十种功德为初地以上的菩萨所修。

⑤**口生**：经中说："从佛口生，从法化生，得佛法分。"意为听到佛讲法而获得真正的生命。

⑥**化生**：指没有依托，忽然产生的事物，如诸天、诸地狱及劫初之人。《大乘义章》认为产生的原因是依靠业力。

译文

来客说：这样说来，《涅槃经》就只是附带方便显示实际了。

我说：从整个判教看，《涅槃经》一部的确属于兼说——既说方便，又说实际，及附带说——附带方便显示实际，然而大部中的小品则有方便说、有究竟说，经文中某些地方是方便说，而另外一些地方则可能是究竟说。如上面所引迦叶申述问难的那一段，本为末代众生而说，方便、究竟都很明了。如果单纯只讲方便之谈，可以举出“恒河中七种众生”一段为例，七种众生虽复层次有差，凡圣有别，但都处在生死流转之烦恼大河中涛起浪没而已；如果单纯只讲究竟的说法，可以举出“三点”“二鸟”“三慈”“十德”等等。其他诸品可准此类推，不能都说到。再如经文中说“色常住而无生灭”，这个“色”概念岂不把生命体及自然界、生命界及非生命界统统容摄在里面？为什么非要另造出一个“空”的概念，让此处“色”的概念受到局限呢？一般人不懂得作为宣教方法，可以有方便与究竟的分别运用，所以许多以声闻或缘觉来悟道修行的人尽管处处都听到大乘佛教的究竟道理，可是都没有很好地加以体会，只有到了听懂《法华经》的阶段时，才相信自己本具圆满佛性，后悔到了这个地步时，如同自己身上带着财富却不知道那本归自己所有。这难道不很像一个人虽为人子．却不认得自己的生父吗？所以佛陀直到宣讲《法华经》的阶段，才打开方便之门，显示诸法实际，人们由此彻底正信自己听到佛的教诲才获得了真正的生命，这生命是由于佛才忽然生起的。因此《涅槃经》中尚且担心将来有一类有情感的生命体不能正信自己的正因佛性，并且认为断善根人永断善行无法成佛，因此让他们懂得佛性本具、断善根人不断佛性，怎么可以说一部《涅槃经》各部分中根本没有指示究竟真实之道理呢？

我通过反复思考，觉得不论是现在还是未来，要树立圆融的观点，其弊端不在于有没有佛性，而在于思维呆滞的困扰，所以我在这里依据《涅槃经》指出三因佛性以普遍性为主，以照了真如、助缘善行为辅。如果仅仅从真实理体上来了解清净的佛性，而不强调佛性在实践中的展开，那么甚至会丢掉小乘学人的实修精神，更哪里谈得上亲证佛性呢！其他一些意见，如以不见来强行消除一切具体事物、具体差别的抽象空论，在论证非情感生命体有无佛性时，不懂得佛家学说的根本宗旨。因此，掌握了“一切事物由心所造、一切事物由心变现”的道理的人们，与领会了“一切事物本自具足三因佛性”的精神的人们，二者还有什么差别呢？假如世间一切事物并非自心造现，那么大乘佛教所谓改造精神结构的努力全都失去了作用；假如一切事物不是本自具足三因佛性，那么主张顿悟的教法（顿教）中所谓圆顿教理更是一番空谈！相信只有心才能具足，然而又怀疑其中有没有佛性，那就是怀疑自己的心还有没有。

因此，我们可以断然肯定，外界的一粒尘埃、人心的一个念头，实际上都包含了一切众生、一切诸佛的心识本性！这哪里是个人心识有无的问题呢？因为一切事物都由众生、诸佛以心识所共造，都由众生、诸佛以心识所共变，也因为外在的环境是众生、诸佛以心识共同幻化，各种事情是众生、诸佛以心识共同演化。社会上的人们不了解教法有方便有究竟，只因为你没有想到“佛性”这一概念究竟根据教法的哪一阶段，也不了解所谓“非感情生命体”这一名词出现在哪些上下文中具备哪种特定含义。凡此我们刚才都已经讨论清楚了。

我担忧世人迷谬不悟，总是惦念能启示他们，所以在梦话中不知不觉说出“非感情生命体也有佛性”。我究竟想向世人启示什么呢？其一，我想告诉大家，种种迷惑不解，原本都是由于真实本性呈现出种种变现而引起的；其二，我希望大家了解本性所具备的具足一切的特点，从而使他们解除迷惑。这就是我极力倡导“非感情生命体也有佛性”的用心所在。

原典

若分大小，则随缘不变之说，出自大教；木石无心之语，生于小宗。子欲执小道而抗大逵者，其犹螳螂乎？何殊井蛙乎？故子应知：万法是真如，由不变故；真如是万法，由随缘故。子信无情无佛性者，岂非万法无真如耶？故万法之称宁隔于纤尘，真如之体何专于彼我？是则无有无波之水，未有不湿之波。在湿讵间于混澄，为波自分于清浊。虽有清有浊，而一性无殊。纵造正造依，依理终无异辙。若许随缘不变，复云无情有无，岂非自语相违耶？故知果地依、正融通，并依众生理本故也。

此乃事理相对以说；若唯从理，只可云水本无波，必不得云波中无水。如迷东为西，只可云东处无西，终不得云西处无东。若唯从迷说，则波无水名，西失东称。情性合譬，思之可知，无情有无，例之可见。

于是野客恭退，吴跪而咨曰：波水之譬，其理实然。仆曾闻人引《大智度论》，云真如在无情中但名“法性”，在有情内方名“佛性”。仁何故立佛性之名？

余曰：亲曾委读细捡论文，都无此说，或恐谬引章疏之言，世共传之，泛为通之，此乃迷名而不知义。法名不觉，佛名为觉，众生虽本有不觉之理，而未曾有觉不觉智，故且分之，令觉、不觉。岂觉不觉，不觉犹不觉耶？反谓所觉离能觉耶？

译文

如果大家仔细研究佛教教法的整体，就会确信，假如分为大乘、小乘两大类的话，真实理体变现一切存在现象，真实理体虽然变现一切现象而自身恒无改变，这一学理出自大乘教法；非感情生命体不具备心识功能，此一说法则为小乘所主张。你为什么要持小乘教法对抗大乘学理，这岂不是螳臂当车、不自量力吗？与识见狭窄的井底之蛙又有什么两样呢？所以你应该好好体会：在一切事物、一切现象中都存在着真实理体，因为真实理体是永恒存在、无所不在的；而真实理体并非外在于宇宙万物万事，因为真实理体无时无刻不在根据各种条件关系而显现为生灭变化的一切事物、一切现象！你现在和一般人一样相信非感情生命体则不具备佛性，那岂不等于说宇宙万法不具有真实理体了吗？因此，宇宙万事万物名目繁多，可以说一纤一尘之差都有所区别，但真实的本体又怎么会专门存在于某一载体之中，此有即彼无呢？现在我想用一个譬喻来说明我的观点：世上没有不起波浪的水，也没有不具湿润水性的波浪。就湿润性来讲，怎么会有混沌与澄清的差异？就波浪来讲，当然有清澈和浑浊的分别。虽然有浑浊和清澈的不同，可是它们同禀的湿润水性却绝对没有任何差别！因此，不管是依过去的业因而感得的有情的身心（具体的生命存在），还是依过去的宿业召感得到的在环境方面的身心所依止的外在诸物（非感情生命体），从法理上讲归根结底并没有根本的区别。如果你同意真实理体虽然随条件关系而变化生灭，然其自身实无生灭，同时却又怀疑无生命事物究竟有无佛性，这岂不是自相矛盾吗？准此，当我们说在成佛的果位，生命体和自然界完全融通时，这是依据众生本具三因佛性而说。

上面的讲法是从事理相对的角度云观察的；假若只从真实理体这一面来看，那么只可说水的湿润性本无浑浊、清澈等波态之别，却不可以说混浊、清澈之波态中没有水的湿润性。这好比一个人因为方向感上的错误，错把东方当成西方，这时，只可以说真正的东方没有被他称作的“西方”，却不可以说被他误会的“西方”没有东方。假若只依照虚妄变现的现象就下判断，那么就一定会执着波是波、水是水，波中没有水的湿润性，乃至于找不到西方，硬把东方叫作西方。把虚妄事相和真实理体这两个方面结合起来，对照水波、方向这两个譬喻，那么有关非感情生命体究竟有无佛性的问题应该得到很好的理解了。

说到这里，客人跪到地上恭敬请教：大师所用波水譬喻，说理清晰，透彻无疑！可是以前我曾听人讲解《大智度论》，论中说真实理体在非感情生命体中只可叫作“法性”，指事物的真实本性；真实理体在生命体内方可叫作“佛性”，指觉悟之本性。大师为什么在非感情生命体中也使用“佛性”这一名称呢？

我说：我曾经细心研读《大智度论》，全论中都没有你刚才提到的明确分别，也许这是旁人解释它的话，结果却被世人误看成就是《大智度论》的意思而到处流传，这就叫作迷惑于名称概念却不懂得经文的根本宗旨。万事万物可以统称为“不觉悟”,“佛”的意思则是“觉悟”，众生虽然原本具有尚未觉悟到的真理，却从来没有使这种不觉悟变为觉悟的智慧，因此在此勉强地做一个区分，说有不觉悟、有觉悟，以便众生能以智慧使其不觉悟转变为觉悟，亲证本具之佛性。难道众生以智慧使不觉悟转变为觉悟的同时，那种不觉悟的成分却仍然是不觉悟吗？难道觉悟的对象（所觉）能离开觉悟的主体（能觉）吗？

原典

客曰：若尔至佛方会，凡离何乖？

余曰：子为学佛，为学凡耶？理本无殊，凡谓之离，故示众生，令觉、不觉，故觉、不觉自会一如，故知：觉无不觉不名佛性，不觉无觉法性不成。觉无不觉，佛性宁立？是则无佛性之法性，容在小宗。即法性之佛性，方曰大教。

故今问子，诸经论中，法界、实际、实相、真性等，为同法性在无情中，为同真如分为两派？若同真如，诸教不见“无情法界及实际”等。若在无情，但名法性非佛性者，何故《华严·须弥山顶偈赞品》云“了知一切法，自性无所有。若能如是解，则见卢舍那”？岂非诸法本有舍那之性耶？又云：“法性本空寂，无取亦无见，性空即是佛，不可得思量。”

又精进慧云：“法性本清净，如空无有相，此亦无所修，能见大牟尼。”岂于无性，又云无修能见牟尼？又真实慧云：“一切法无相，是则真佛体。”既真佛体在一切法，请子思之，当免迷教，及迷佛性之进否也。

故真如随缘即佛性随缘，佛之一字即法佛也。故法佛与真如体一名异。故《佛性论》第一云：“佛性者，即人法二空所显真如。”当知真如即佛性异名。《华严》又云："众生非众生，二俱无真实。如是诸法性，实义俱非有。"言众生非众生，岂非情与无情？二俱随缘并皆不变，故俱非有。所以法界、实际，一切皆然。故知法性之名，不专无情中之真如也。以由世人共迷法相，名异体一故也。

译文

来客说：如此说来，只是到了成佛的果位才可把所觉与能觉、法性与佛性会通起来，把非生命同生命会通起来，那么，对于凡夫来说，把所觉和能觉分离开来究竟又有什么错误呢？

我说：你究竟是想学习成佛，还是想学习做凡夫呢？其实在圣佛和劣凡之间，真理并没有什么不同，所谓凡夫，讲到底就是把不觉悟的成分和能觉悟的智慧分离开来了。佛法旨在告诉众生，让他们以其能觉觉其不觉，因此未觉悟和能觉悟是完全统一起来的。因此可以认定：假若只有觉悟却没有不觉悟，这不可以叫"佛性"；假若只有不觉悟却没有觉悟，那么"法性"的名称根本无从成立！既然只有觉悟没有不觉悟，佛性就无法确立，那么如果认为存在无佛性的法性，你这位客人就还在小乘的程度。只有融通法性之佛性，才可以说为大乘的彻底真实之谈。

所以现在我想问你，在许多经典中，每每有法界、实际、实相、真性等名称概念，这些概念到底是像“法性”那样被列在“非感情生命体”的范畴内，还是像真实理体那样，既存在于能觉悟的生命现象内部，也存在于一切广大的外在世界之中？假若说如同“真实理体”遍在于一切事物中，可是许多经典中并未见到过“非感情生命体法界”或“非感情生命体实际”的字样。假若被列在非感情生命体的范畴内，仅仅叫作“法性”，而不能称作“佛性”，那么为什么《华严经》之《须弥顶上偈赞品》说“要彻底认识一切存在现象，并不具备永恒的自性。假如能这样去理解世界，就看见了法身的绝对真理”？——这不正说明一切存在现象都具有作为绝对真理的佛性吗？《华严经》又有如下的偈颂：“现象存在之本性平静而无扰动，没有执着，也没有能所之对立，现象存在并非实体，也无自性，所以称为‘空’，达到这一认识就叫作觉悟了，这里面的道理不能用世俗心识来了解。”

再如精进慧菩萨说的偈颂：“现象存在的本性是清净的，如同虚空一样没有形体障碍，这里并不需要修证，就能见到大觉圣人。”既然是“无性”，为什么不需要修证就可以见到佛呢？所以，真实慧菩萨说：“如果能看到一切现象存在并没有永恒不变的真实形相，这就是看到了佛的真实法体。”既然佛的真实法体在一切事物、一切现象中存在，那么所谓法性和佛性的分别限制，能觉与所觉的对立、对峙等等，这一切偏谬执着又如何可以成立呢？仔细体会上引诸多偈颂，它们将帮助你突破以往对教法的理解，特别是对佛性问题的理解。

因此说真实理体随条件关系而出现生灭变化的现象，这在实际上就是说佛性随条件关系而出现生灭变化的现象，“佛”这个字眼指的就是“法身佛”，即以一切事物、宇宙万法作为其真实身体之绝对真理。“法身佛”与“真实理体”，名称虽异而本体只是一个。据此《佛性论》之第一卷中说：“所谓佛性，指的就是突破人我、法我两种把一切现象作为实体而产生的执着后，显示出来的真实理体。”因此“真实理体”其实就是“佛性”的另外一个名字。《华严经》中又说道：“众生和非众生，这两种现象存在都不是真实不变的实体。类似这样的各种事物的本性，从终极意义来讲都不能认为是实有。”这里说众生、非众生，其实正是指生命、非生命，生命、非生命都是随条件关系而出现的现象，其共具的真实本性却都并未改变，因此也都不能被认为是实有。据上述种种，可以结论说：像“法界”“实际”等，这一切名称概念的含义都应这样去理解。因此可以了解到“法性”这一概念并不专门指非感情生命体中的真实理体。这样讲是针对世俗凡夫都由于事物的真实本体虽然只有一个，但名称却多有不同，以致产生困扰的缘故。

原典

然虽体同，不无小别。凡有“性”名者，多在凡在理，如云佛性、理性、真性、藏性、实性等；无“性”名者，多通凡圣、因果、事理，如云法界及实相等；如三昧、陀罗尼、波罗蜜等，则唯在于果。所以因名佛性等者，众生实未成佛、得理、证真、开藏。以烦恼生死是佛等性，示令修习名佛等性，而诸教之中诸名互立。

《涅槃经》中多云佛性者，佛是果人，言一切众生皆有果人之性，故偏言之。世人迷故而不从果；云众生有，故失体遍。又云遍者，以由烦恼心性体遍，云佛性遍。故知不识佛性遍者，良由不知烦恼性遍故。唯心之言岂唯真心？子尚不知烦恼心遍，安能了知生死色遍？色何以遍？色即心故。何者？依报共造，正报别造。岂信共遍，不信别遍耶？能造、所造，既是唯心，心体不可局方所故，所以十方佛土皆有众生理性心种。以性喻空，具如《涅槃》，一十复次。故知不晓大小教门名体同异，此是学释教者之大患也。

故身子[①]云：我等同入法性，及亦得解脱等。子初不达余之义旨，故闻之惊骇，为子申已，理合释然。故知世人局我、遮那唯阴质内，而直云诸法是无情者，则有二种不如外道。外道尚云：我大色小，我遍虚空。又外道犹计众尘所成，亦不直云无情而已。

又有二种不如小乘。小乘尚云犹业力[②]造，造遍三界。又小乘犹知诸法无常，亦不直云无情而已。

又有二种不如共乘。共乘尚知造心幻化，幻遍三界；又知诸法体性即真。若次第乘，故非所拟。子闻是已，亦合薄知教法权实、佛性进否。

注释

①**身子：**即舍利弗的意译，舍利弗是释迦牟尼佛的弟子之中最有智慧的一位。

②**业力：**业分三类，如身、口、意，泛指一切行为。无论善行或恶行，都必然引来相应的果报，以因而引致果的不可抗拒的内在的力量，称为业力。个人所为引来不共业，社会大众一致所为引来共业。

译文

当然，上述诸概念虽然从根本道理上所指完全一致，但诸名词之具体使用范围却并非没有小差别。概括地说，凡经典中称作“……性”的，大多指既是真实理体又不脱离凡俗状态，如经典中所说的佛性、理性、真性、藏性、实性，等等；凡未用“性”字结尾的名词则大多贯通凡圣、因果、事理而说，如经典中所谓法界、实相，等等；至于似三昧、陀罗尼、波罗蜜等等一些名相，则是达到果位才具备的状态。因此，虽然以“本因”来命名“佛性”等等，而众生事实上尚𠀤成佛，没有掌握宇宙万法的道理，也没有体会到事物之真性，更没有发掘充实内在的潜能。所谓“生死烦恼就是佛性”，这是为一般人在因位修习的方便而说，而各种教法的经典中，一系列名相都是这样相应而生的。

《涅槃经》中有多处谈到佛性，因为佛陀是达到果位的人，所谓佛性就是指因位众生具有成为果位佛的可能性，所以偏向众生、生命现象解说佛性。世人由于迷谬偏执，所以不得佛果；说到因位众生具有佛性，这个说法本身也就把“佛性”一词本具的普遍性圆满性遮蔽住了。所谓佛性的普遍性是从下面这个角度来讲的，即身心苦恼而困惑的状态普遍存在，由此说佛性也具有普遍性。因此，你不理解佛性的遍在、无所不在，其根本原因在于你不懂得世俗之人贪、嗔、痴之心识结构的普遍性。经典中谈到“一切由心造现”，这里的“心”

字难道只是指真心、真实清净心？你尚且不懂得世俗生命的日常苦恼困惑心识具有普遍性，又怎能理解一切生灭造作的物质形体也都具有普遍性呢？物质形体为什么具有普遍性，充斥而无所不在？根本的原因就在于一切事物都由心所造现、一切事物就是心识本身。为什么这样说呢？生命依存的外在世界、自然界是生命共同行为感化来的，而生命体之本身则由生命主体之独特行为所感应。你相信共同行为感化的普遍性，为什么不相信个别行为的感化也具有普遍性呢？能造之生命及所造之自然，都离不开心识，而心识从其活动来看则又绝对不可局以方所，由此我们应当正信：在诸佛应化的无穷无尽的国土世界，到处都存在着生命之心识潜能及其现实活动。《涅槃经》以虚空来譬喻佛性，即极力显示此一心识、此一佛性之遍在性。因此我们说，不懂得方便与究竟之区分，不懂得名相概念的复杂用法及多种意蕴，实为学佛者之大通病。

所以舍利弗菩萨有这样的说法："我们和一切事物一同进入存在的真实状态，生命和非生命一同解脱系缚等等。"你一开始不了解我所述道理的基本大意，所以乍听之下大感诧异，在我为你做过一番剖析后，按理说你的疑虑也该自然消失了。由此看来，世人总有这样的倾向，把普遍存在的佛性局于自己一身之内，却把一切现象存在都看成了非感情生命体。人们的这种观念甚至在两方面不如佛教之外的流派。佛教教外的学者尚且认为纯粹精神真我的范围广大无边，而物质存在局促有限，精神真我遍及虚空、无所不在；他们还能认识到一切事物都由微细成分组合而成，生命亦然，所以不能简单地把生命和非生命体截然分开。

其次，人们对大乘教理的这种认识在两个方面还不如小乘佛教。小乘佛教尚且认为业力是能造，宇宙间的一切现象都是所造，其中包括生命在内，也包括非感情生命体，二者并无分别。再者，小乘佛教尚且懂得一切现象生生灭灭、绝无常住，感情生命体会变成非感情生命体，非感情生命体也会变成感情生命体，并无自性，所以他们也没有简单地把一部分事物称作非感情生命体就算了。

最后，上面那两种认识还有两个方面不如大乘、小乘共通的一些法门。这些共通法门尚且懂得具有主动创造力的心识能幻能化，而所幻所化之事物则周遍存在于宇宙之间；其次，共通法门又都懂得：掌握了事物的本性，也就体认了一切现象的真实理体。至于讲究分别层次递进知解的法门则不在我们的讨论范围中。你现在已经听到了这一番讲述，也应当大略了解了方便与究竟两种教法的不同，掌握了“佛性”一词的多层意蕴吧！

原典

客曰：仁善分别，实坏重疑，信一切法，皆正因性，而云正中三因，种遍、修遍、果遍，又云一尘一心即一切生、佛之心性，情犹未决。

余曰：良由自昔不善遍揽因果、自他、依正，观于己心、心、佛、众生；亦由不阅诸教大旨，不晓佛说果德之意，不达佛现互融之由。余欲开导子之情怀，更以四十六问而问于子。子若能晓余之一问，则众滞自消，法界融通，释然大观，洞见法界，生佛依正，一念具足，一尘不亏。

问：佛性之名从因从果？从因非佛，果不名性。

问：佛性之名常无常耶？无常非性，常不应变。

问：佛性之名共耶别耶？别不名性，共不可分。

问：佛性之名大小教耶？小无性名，大无无情。

问：佛性之名有权实耶？对体辩异，其相何耶？

译文

来客说：大师您的分析，实在解除了我以往的重重疑惑，确信一切事物，都具备正因佛性，但是如果说正因、缘因、了因三种佛性，表明佛性的根本性质、修行实践的能力和达到真实理体的智慧普遍存在，或者说一粒微尘、一念凡心就包容了一切众生和佛的心识与佛性，我在感觉上还不能做出决断。

我说：这实在是由于你长久以来没有好好地全面地了解因与果、自与他、依与正之间的关系，不能对自己的心境、普遍的心识、佛及众生做出正确的观照；也由于你不阅读各种宗派教法的根本宗旨，不明白佛所说的达到果位后能得到的涅槃四德（常、乐、我、净）的含意，不理解佛指出十界互具互融的原因。我想使你的感觉和见识得到开导，特别是以四十六个问题问问你。你如果能明白我所提的问题中的一个，那么所有障碍就都会迎刃而解，一切事物、一切存在的内在联系都会建立起来，明明白白地得以展现，还可以彻底地了解到一切事物，包括众生和佛、生命主体和非感情生命体所构成的环境客体，都是在一念凡心中就可以全部具备、在一粒尘土中也不会缺少哪一部分。

四十六个问题是（分六部分）：

（第一部分）

一问：佛性这个概念属于原因的范畴，还是属于结果的范畴？如果仅仅属于原因，那么不该使用达到最高果位的彻底觉悟者“佛”的名义；如果仅仅属于结果，那么就不能称作“……性”，因“……性”表示非常非无常的随缘状态，还没有达到修行的最高点。

二问：佛性这个概念表示常住态，还是表示非常住态？如果是非常住态，不能称为“性”，因为“性”的内涵是不改、不变；但如果是常住态，那么就不应有变化，而没有变化又怎么能随缘而修成佛果呢？

三问：佛性这个概念是指共性，还是指个性？如果是个性，就不能称“……性”，因为“……性”在这里是一种带普遍性的种性；但如果是共性，却又不能指个别事物。

四问：佛性这个概念属于大乘，还是属于小乘？小乘佛教认为佛陀只有一个，并没有“佛性”这个提法；而大乘佛教也没有“无情”与“佛性”的截然分界。

五问：佛性这个概念讲的是方便之谈，还是究竟之理？相对于真实理体而辨析差异，它表明的现象是什么？

原典

问：无情之名大小教耶？大教大部，有权实耶？

问：无情无者，无情为色，为非色耶？为二俱耶？

问：无情色等，佛见尔耶？为生见耶？为共见耶？

问：无情败坏，故无性者，阴亦败坏，性亦然耶？

问：无情是色，法界处色，为亦无耶？为复有耶？

问：唯心之言，子曾闻耶？唯只是心，异不名唯。

问：唯心之言，凡圣心耶？若圣若凡，二俱有过。

问：唯心名心，造无心耶？唯造心耶？二俱有过。

问：唯心唯心，亦唯色耶？若不唯色，色非心耶？

问：唯心所造，唯依与正，依正、能所同耶？异耶？

译文

（第二部分）

六问：无情这个概念属于大乘，还是属于小乘？在大乘佛教的经典著作中，是不是既有方便之谈，也有究竟之论呢？

七问：说“无情”没有佛性，那么“无情”是属于物质现象还是非物质现象？抑或两者兼备？

八问：认为无情属于物质现象，这是佛的看法吗？众生的看法吗？还是众生与佛的共同看法？

九问：由于无情有生灭败坏的现象，因此就称其为“非感情生命体”，那么，五阴也有生灭败坏的现象，由五阴和合而成的人是否也成了“非感情生命体”呢？

十问：无情是物质现象，“法界”都是以物质现象来体现的，是不是也就没有佛性了？还是仍然具备佛性？

十一问：你曾听说过“唯心”这个概念吗？只讲心、心识的作用，才能称作“唯”，如果讲心、心识之外还有别的什么在起作用，是不能称作“唯”的。

十二问：唯心这个概念中的“心”，是凡俗之心，还是圣贤之心？无论是凡俗还是圣贤，二者都有缺憾的成分。

十三问：唯心这个概念中所说的“心”，它所造作的是没有心识的物质现象，还是只造作了心识现象？无论是物质现象还是心识现象，二者都有缺憾的成分。

十四问：唯心这个概念讲一切现象都仅仅是心识现象，是不是能说“也是物质现象”？如果不能说“也是物质现象”，难道物质现象不属于心识现象的一种表现吗？

十五问：宇宙世界的一切存在都是心识的造作，大略分一下，不过是主体生命现象和与主体生命现象相应的客体物质现象，这种主体与客体，主动性和被动性，二者是统一的还是分离的？

原典

问：众生量异，性随异耶？不尔非内，尔不名性。

问：众生惑心、性遍、不遍、神我，四句为同异耶？

问：众生有性，唯应身性亦法性耶？亦报性耶？

问：众生本迷，迷佛悟耶？佛既悟已，悟生迷耶？

问：众生一身，几佛性耶？一佛身中，几生性耶？

问：佛国土身为始本耶？始本同耶？为复异耶？

问：佛土佛身，为一异耶？一无能所，异则同凡。

问：佛土界分，生亦居耶？为各所居，佛无土耶？

问：佛土所摄为远近耶？何土与生，一、异，共、别？

问：佛、佛土体，为同异耶？娑婆之处，为共别耶？

问：佛成道时，土亦成耶？成广狭耶？不成有过？

问：佛成见性，与生见处，为同异耶？离二不可。

问：佛成土成，与彼彼成，彼彼不成，为一异耶？

问：佛成三身，与彼彼果及彼彼生为一异耶？

问：佛成身土，成何眼智，见自他境？初后如何？

译文

（第三部分）

十六问：众生的身体大小轻重都有不同，佛性是否随之有大小轻重的不同呢？如果是这样，便是有内我心识的妄构功能；如果不是这样，才能称之为随缘而不变的佛性。

十七问：众生往往迷惑于概念的名目，例如心（介尔一念阴妄心或清净心）、性遍（佛性普遍存在）、不遍（佛性非普遍存在）、神我（外道所执取的常住不灭的自我），这四个概念从本质上讲是相同还是不同？

十八问：众生有佛性，佛陀应众生根机而示现的现实身体所具的“性”，是法性还是报性？（法性是真如理体，遍满法界；报性是由因位的大愿大行而得果报。）

十九问：众生无始以来陷入无明的迷惑，那么对佛陀觉悟这件事迷惑不迷惑？佛陀既然已经使自己得以觉悟，他是否觉悟到众生是迷惑不解的呢？

二十问：众生的一具身躯中，有多少佛性？一尊佛的身躯中，有多少众生的佛性？

二十一问：作为前世业报而显现的佛国土身是原始的、根本的吗？“原始”与“根本”两个概念是相同的还是有所不同？

二十二问：作为依报的佛土与作为正报的佛身是同一事物还是不同事物？如果说是同一，那就没有主体及主动性（能）和客体及被动性（所）的分别；如果说是不同，就和凡俗之人没什么两样了。

二十三问：在佛国土的范围内，众生是否也在那里居住？如果各处都有众生居住，佛是不是就没有净土了？

二十四问：佛国净土的范围包容是远是近？哪一块国土与众生的关系是同一或不同，是共业所造还是别业所造？

二十五问：佛与佛土，二者的本质是同一的还是不同的？必须加以忍受的现实的娑婆世界，是共业所造还是别业所造？

二十六问：佛成道时，佛土是否同时成就了？成就的佛土是宽阔还是狭小？如果没有成就佛土是否有过失？

二十七问：佛成道时觉悟到自性，这与众生观照到六根和六识等十二处是相同还是不同？脱离此二者都不行。

二十八问：佛成道时佛国土也得以成就，这与芸芸众生一无所成，二者是相同还是不同？

二十九问：佛成就法身、报身、应身，这与某种果位带来某种生起，二者是相同还是不同？

三十问：佛陀成就佛身和佛土时，成就了哪一种“眼智”，才能见到施与教化的佛（自）和承受教化的众生（他）？见到后又怎么样？

原典

问：真如所造，互相摄耶？不相摄耶？二俱如何？

问：真如之体通于修性，修性身土等不等耶？

问：真如随缘变为无情，为永无耶？何当有耶？

问：真如随缘随已，与真为同异耶？为永随耶？

问：真如本有，为本无耶？与惑共住，同异如何？

译文

（第四部分）

三十一问：真如理体与四大元素构成的一切物质，是互相领引的还是不互相领引的？如果既互相领引又不互相领引是什么样子？

三十二问：真如的理体与修行和法性是相互贯通的，那么修行、法性、佛身、佛土是同等的还是不同等的？

三十三问：如果说真如理体随顺一定条件会变现为非感情生命体，是不是永远如此没有感情生命？什么时候才会有？

三十四问：真如理体随顺一定条件发生变现之后的状态，与真如理体自身，二者是同一的还是不同的？是不是永远保持随顺的状态？

三十五问：真如理体作为一切现象存在的最根本的依据，是否可以理解为根本没有任何规定性的存在——空？真如理体作为一切现象存在的本体，当然也包含着烦恼（惑），真如与烦恼二者的相同点与不同点是什么？

原典

问：波水同异，前后得失，真妄同异，法譬如何？

问：病眼见华，华处空处，同异存没，法譬如何？

问：镜像明体，本始同异，前后存没，法譬如何？

问：帝网之譬，唯譬果耶？亦譬因耶？果无因耶？

问：如意珠身，身有土耶？唯在果耶？通因如何？

译文

（第五部分）

三十六问：波与水的相同点与不同点，是波中有水，还是水中有波？哪个在前，哪个在后？有哪些教益，有哪些失误？以及哪个是真实的，哪个是妄想的？它们有什么相同点和不同点？如此种种譬喻说明了哪些佛法？

三十七问：用有病的眼睛去看花，有花的地方与无花的地方难以区分，这些现象的相同与不同、存在与消失，如此种种譬喻说明了哪些佛法？

三十八问：以镜映像，表明本体与现象的关系，根本的存在与有始的存在二者有同有不同，哪个在前，哪个在后？有哪些是存在的，有哪些是消失的？如此种种譬喻说明了哪些佛法？

三十九问：譬喻中说在帝释天宫中张开的宝网，珠玉辉映，重重无尽。这是只譬喻了结果，还是也譬喻了原因？在结果中难道没有包含原因吗？

四十问：如意宝珠如同作为正报的佛身，佛身有作为依报的佛土，如意宝珠也会有佛土一样的依报吗？它只显示结果吗？如果与原因相联系又是什么情况？

原典

问：行者观心，心即境耶？能所得名，同异如何？

问：行者观心，一耶？多耶？一多心境，同异如何？

问：行者观心，为唯观心，亦观身耶？亦观土耶？

问：行者观心，在惑、业、苦，内耶？外耶？同耶？异耶？

问：行者观心，心内佛性为本净耶？为始净耶？

问：行者观心，心、佛、众生，因果、身土、法相，融摄一切，同耶？

如是设问，不可穷尽，为断子疑，且至尔许。

译文

（第六部分）

四十一问：修行的人把“一念无明法性心”作为观照的对象，“一念无明法性心”就是表现真实理体的殊胜境界吗？主体或主动性与客体或被动性，两类概念的相同点或不同点是什么？

四十二问：修行的人把“一念无明法性心”作为观照的对象，这种被观照的心境是一个还是多个？一个心境和多个心境的相同点与不同点是什么？

四十三问：修行的人把“一念无明法性心”作为观照的对象，是只对心进行观照，还是也对作为正报的人身和作为依报的国土都进行观照呢？

四十四问：修行的人把“一念无明法性心”作为观照的对象，其中贪、嗔、痴等烦恼以及由此而带来的善恶之业，再加上作为业的果报而轮回不止的苦痛烦恼，是观照的重点，惑、业、苦这三者哪一个是内在的？哪一个是外在的？是相同的还是不同的？

四十五问：修行的人把“一念无明法性心”作为观

照的对象，心内的佛性是原本就清净，还是有一个清净的起点？

四十六问：修行的人把“一念无明法性心”作为观照的对象，诸如心、佛、众生，因果、身土、法相，是否都圆融地包容在一起，彼此再没有分别？

像这样问下去，是不可穷尽的，为解除你的疑虑，暂且问这些罢了。

原典

客曰：何以不多不少，唯四十六？

余曰：攻惑、攻疑、攻行、攻理，通教、通义、通自、通他，一问亦足，为对钝根，故四十六。及对六即，分证离为四十一位，兼前及后，故四十六。应知一问亦皆能攻余四十五，余一一位仍须皆具四十六问，乃至无量，亦复如是。

客曰：仁所立义灼然，异仆于昔所闻。仆初闻之，乃谓一草一木一砾一尘，各一佛性，各一因果，具足缘、了，若其然者，仆实不忍。何者？草木有生有灭，尘砾随劫有无，岂唯不能修因得果？亦乃佛性有灭有生，世皆谓此以为无情，故曰无情不应有性。仆乃误以世所传习，难仁至理，失之甚矣，过莫大矣。

余曰：子何因犹存“无情”之名？

客曰：乃仆重述初迷之见，今亦粗知仁所立理。只是一一有情，心遍性遍，心具性具，犹如虚空，彼彼无碍，彼彼各遍，身土因果，无所增减。故《法华》云：世间相常住。世间之言，凡圣、因果、依正摄尽。

余曰：观子所见，似知大旨，何不试答向之一问？

客曰：仁向自云，若思一问，众滞自消。仆若答者，即以一答，遍答众问，何一问之有耶？

余曰：请述其旨。

译文

来客说：为什么不多不少，正好四十六个问题？

我回答：这些问题无非是要达到八个目的，即针对困惑、疑虑、修行和理体，融通教法、教义、自身和外界，有一个问题就足够了，由于要引导根基浅钝的人们，所以提出了四十六个。相应于“六即”修行品位的第五阶段“分证即”，针对四十一种无明烦恼，设立了四十一种分见法性的层次，再加上前“四即”和后“究竟即”，因此构成“四十六”这个数字。应该理解只要提出一个问题，就能将其余四十五个问题的实质都点到，其他每一个层次也都应兼备这四十六个问题所涉及的实质，也可以说，哪怕提出无穷的问题，也都要这样去理解、去兼备。

来客说：大师所建学理庄严超拔，与我往昔所闻大不相同。起初我听到您的教诲，说一草一木一砾一尘，各各具有普遍性圆满性的佛性，各自具有因果事理，乃至于墙壁瓦石都具备缘因、了因二种佛性，我乍听之下，心中实在不能接受。为什么会有这种感觉呢？世间草木有生有灭，世上尘砾随着劫数产生或消失，这难道仅仅因为草木瓦石不能修因证果吗？恐怕还要涉及所修之性不能恒久，世人都把这种生灭变化称作“非感情生命体”现象，所以认定非感情生命体绝不会拥有佛性。刚才我无知地向大师发难，事实上只不过是拿世俗偏见来和真理较量而已，我实在惶恐无及！

我说：那么你为什么还要在思想上保留“非感情生命体”这样一个迷谬概念呢？

来客说：那是为了向大师重新讲述我先前的错误思路，现在我已初步领会了大师的殊胜法门。世间的任何一个生命，其心识是遍及时空而无隔碍的，其佛性也是遍及时空而无隔碍的；心识涵容着变现一切事物的可能性，佛性也具足一切善恶、美丑，圆满无亏，心识、佛性都如虚空一样普遍存在、无所不在；在此广大无际之虚空里，一切事物并存而无碍，身、土、因、果，无增无减。所以《法华经》中说：经验的现实的世间，其无穷变化的现象是不间断的。这里“世间”一词，把凡圣、因果、生命界自然界等等一切现象存在都包容无遗了。

我说：听到你的见解，似乎已掌握基本精神，你为什么不试着回答我上面提出的某一问题呢？

来客说：您自己曾说过，您上面所示四十六个问题是密切联系着的一个整体，因此只要对其中的任何一个问题有了真正的认识，其他诸多问题也就涣然冰释了。我如果回答，就要以一个答案，普遍解答所有的问题，所以怎么谈得到“某一”问题？

我说：请畅谈你的见解。

原典

客曰：仆还揽向诸问意，若消众滞，即名为答，何假曲申一一问耶？何者？众问岂不由仆不受“无情有性”之说？仆今受之，此即是答。

余曰：大略虽尔，未晓子情。

客曰：仁所立义关诸大教难可具陈，仆略论之，冀垂听览，岂非晓最后问三无差别，即知我心、彼彼众生，一一刹那，无不与彼遮那果德、身心、依正，自他互融互入齐等。我及众生皆有此性，故名佛性。其性遍造、遍变、遍摄，世人不了大教之体，唯云无情，不云有性，是故须云无情有性。了性遍已，则识佛果具自他之因性，我心具诸佛之果德。果上以佛眼、佛智观之，则唯佛无生；因中若实慧实眼冥符，亦全生是佛，无别果佛，故生外无佛。众生以我执取之，即无佛唯生。

初心能信教、仰理亦无生唯佛，亡之则无生无佛，照之则因果昭然。应知众生但理，诸佛得事；众生但事，诸佛证理。是则众生唯有迷中之事理，诸佛具有悟中之事理。迷悟虽殊，事理体一。

故一佛成道，法界无非此佛之依正。一佛既尔，诸佛咸然。众生自于佛依正中，而生殊见，苦乐升沉，一一皆计为己身土[①]，净秽宛然，成坏斯在。仁所问意，岂不略尔？

余曰：善哉！善哉！快领斯旨，实可总知诸问纲格。此即已答百千万问，何独四十六耶？

客曰：几不遇仁，此生空丧，必依此见，获胜果耶！

余曰：必欲修习，教法未周；若不善余一家宗途，未可委究行门始末，安能遍括教行、事理、惑智、因果、依正、心法？用为凡夫初心观首，然子所领似虚其情，计子观道犹为罔象。

注释

①**身土：**身为正报，土为依报。正报指过去的业因召感下而成的现在的身心，这是一种直接的果报，一种具体的生命现象。依报指过去业因召感而成的身外诸物，如国土、衣食等。

译文

来客说：我回顾大师提问时的本意，是为了消解我们愚妄不通的思想障碍，如果我们能够疏通这些认识障碍，可以说便等于回答了大师所提出的所有问题，何必借助于一个个迂回提出的问题呢？为什么这样讲？您所提的所有问题难道不都是由于我不接受“非感情生命体”也有佛性这一学说吗？我现在诚心诚意地接受了大师的学说，这就是最好的回答。

我说：话虽如此，但是你的见地到底如何我还没有了解。

来客说：大师您所确立的学说及种种教诲，我很难一一都讲到，我大略地论证一下，希望您能屈尊审听，是不是明白了最后一问“心、佛、众生三者没有差别”的提法，就可以懂得：我的心识及其他众生，在当下刹那一念中都与佛之心智、佛之身体以及佛之国土世界互相融入、互相交摄、平等无碍。我和众生都具有这种本性，因此称之为佛性。这种佛性遍造一切世界、遍现一切事物、遍摄一切众生，世人不懂得大乘佛教的根本宗旨，不懂得佛性的遍在性、圆满性，因此只讲非感情生命体不具备佛性，为了对治这一偏见，必须倡导“非感情生命体也有佛性”。彻底了解了这种佛性的普遍性，就会认识到，佛的果位上圆满具足一切存在具有成佛可能性的因性，而在我的现实心识里也圆满具足成佛果位的种种德性。达到得果的程度，从佛的角度和智慧来看，那么可以说一切存在都是佛的化现，并没有下劣众生之存在；达到修因的程度，如果见地与果位暗暗契合，那么众生也就是佛，与在果位上的佛并无差别，因此可以说并没有超出众生之外的佛。但是凡俗众生如果执着于有一个不变的“我”，障碍了他的真智慧，这样在他眼里根本没有佛，一切只是众生。

刚刚学佛的人如果能诚心信教崇仰法理，那么在他眼里，也能达到只有佛、没有众生；如果缺乏对普遍圆满佛性的认识，那么就既看不到能成佛的众生，也看不到众生最终可以成就的佛；如果能用普遍圆满佛性的观点来看待这个世界，那么从因位到果位的必然联系也就能够一目了然。我们要明白，众生只是在道理上具足着此一佛性，诸佛则业已通过修行实现了它；众生只是在修行中开发着此一普遍佛性，诸佛则业已亲证了那道理。所以说，众生虽事理圆满具足，可是仍然处在迷惘中；诸佛不但具足着圆满事理，而且是处于大彻大悟的境界。或迷惘、或觉悟，虽然有差别，但那事理具足的佛性本体却完全一般无二。

所以我们能理解，若有一佛成就了觉悟，那么整个宇宙的主体、客体都由他所感应、所变现。既然一个佛是这样，诸佛也都如此。众生当然生活在佛所感应的主体、客体世界上，却产生种种不同于佛的迷惘见解，他们在苦乐升沉中，把一切都看作自己的实在的身体在感受实在的外在世界，于是认为世间有净有秽、有生有灭、有成有毁，把现象认为实有。大师所问的大意是不是这样？

我说：太好了！太好了！尽快把握住这个宗旨，实在是能从总体上把握一切疑难问题的关键。你实际上已解答了千千万万个问题，又何止我上面的“四十六问”呢？

来客说：假若无缘拜谒大师，那么我这辈子就白白浪费了，我一定要依循这点见解，寻求达到最终目标的途径。

我说：如果你一定要修行习练，对教法的了解尚嫌不足；如果对我们天台宗的主导思想还不熟悉，便不能实实在在地探究修行方法的开端和目标，又怎能把一切事理、惑智、因果、依正、心法都统摄到修行活动中呢？看你的样子虽然达到了凡夫俗子学法第一阶段的起步之位，但你对教法整体的领悟好像仅仅是有一点感觉，估量你对真理的认识还是迷迷蒙蒙。

原典

客曰：观道者何？仁师谁耶？法依何耶？

余曰：子岂不闻，天台大师灵山亲承，大苏妙悟？是余师也，《摩诃止观》，所承法也。以二十五法为前方便，十法成乘，观于十境，十境互发，观时进否。此观道之大略也。诸问且令识十乘初妙境而已，余乘诸境不暇论之。

客曰：善哉！仆当慕之，以为永劫之仗托也。

客曰：屡闻讲说，大乘诸师犹以无情佛性，为一别见。何耶？

余曰：此有由也。斯等曾睹小乘无情之名，又见大乘佛性之语，亡其所弘融通之谭，而弃《涅槃》虚空之喻，不达修性、三因离合，不思生佛无差之旨，谬斅传习无情之言，反难己宗唯心之教。专引《涅槃》瓦石之说，不测时部出没之意。如福德子而无寿命；弱丧徒归，犹迷本族；如受贵位，不识祖宗；亦如死人，而着璎珞，用是福为，用璎珞为。法相徒施，全迷其本。忽遇斯等，应以如上诸意问之，所弘之典大小乘耶？尚失小乘，已如前说。

客曰：斯失者众。闻仁所宗四教释义，可得闻耶？

余曰：此之四释，关涉五时，牢笼八教[①]，十方三世大小乘教法咸摄其中，岂可率尔谭其始末？

注释

①五时、八教：五时指华严时、阿含时、方等时、般若时、法华涅槃时。八教指藏、通、别、圆化法四教和顿、渐、秘密、不定化仪四教。

译文

来客说：究竟怎样才能认识真理？大师亲承于谁？大师依据何种教法呢？

我说：你难道没有听说过，天台智者大师是从释迦佛祖灵山法会上亲耳听到教诲，又在河南大苏山达到突然的觉悟？他就是我的先师，智者所传《摩诃止观》是我们一系亲承的教法。以二十五种预备性的修行作为真正修行的前导，抉择十法成就大乘，把十种逐步提高的不同程度的修行境界作为观想的对象，十境达到互具互融，这时可以按照“五时八教”衡量，是否有了进展。约略说来，这就是认识真理的基本途径。我们上述一切仅仅是十乘观法中最初的“观不思议境”而已，其他层次暂时还顾不上多谈。

来客说：太好了！我一定追随天台大师的教法，永生永世以为修行之依托。

来客说：大师，我尚有疑虑，曾听别人议论，说大乘佛教以为“非感情生命体也有佛性”的观点是特别为菩萨自度度他而说的教法，尚未达到圆融的程度。这究竟是什么缘故呢?

我说：其间自然有缘故。这些人先曾研究小乘教法，知道小乘佛教有“非感情生命体”的提法，又见到大乘佛教倡导“佛性”，他们忽略了大乘此时所弘扬的已是加以融会贯通的观点（与小乘并不同），从而抛弃了《涅槃经》中“佛性如虚空”的譬喻，不了解修行的实质，不了解正因、缘因、了因三种佛性既区别又联系，不用心深思“众生与佛没有差别”的奥妙宗旨，错误地传授、学习“无生命的外在世界”的观点，以此来拒斥自己宗派有关“一切由心造现”的大乘佛教观点。此外，这些人还喜欢引述《涅槃经》中有关“瓦石”等提法，却不懂得教法有不同的时期和阶段，以及《涅槃经》附于方便显示究竟的性质，所以如果不正确理解，就会在佛性论方面走到偏见的道路上去。这些人就好像那些有福德却又很短寿的人；又像一些人自幼流离失所，长大后虽然辗转归家却已不自知族氏了；又像一些人虽然地位尊荣，却不知道家祖是谁；又像死人虽然佩戴着整齐的装饰，却不知道这些装饰究竟有什么作用。总之，这些人不懂得佛教的宗旨、本质，只是在那里搬弄名词概念而已。假如你日后再碰到他们，就问他们所弘扬之教法究竟是方便之谈呢，还是真实之说。此外，上述这些人的主张如果严格彻底地贯彻下去，将甚至不及小乘教法，这一点前面业已讨论过了。

来客说：像这种失误的人太多了。现在，听说大师您尊奉的是有关四种教法的整体判教理论，可以向我开示吗？

我说：对四种教法的阐释，牵涉和涵盖着天台一系五时八教的完整判教系统，十方三世一切小乘、大乘的佛教学说都被系统地有机有序地组合起来，这些深奥的道理岂是只言片语讲得清楚的？

原典

客曰：若尔可能以四教，略判佛性无情有无，心造、心变，具、不具耶？

余曰：略示方隅，斯亦可矣。何者？自法华前藏通三乘俱未禀性，二乘惮教，菩萨不行；别人初心，教权理实，以教权故，所禀未周。故此七人可云无情，不云有性。圆人始末知理不二，心外无境，谁情无情？法华会中，一切不隔，草木与地，四微[①]何殊？举足修途，皆趣宝渚；弹指合掌，咸成佛因。与一许三，无乖先志，岂至今日，云无情无？

言心造、心变，咸出大宗，小乘有言而无其理。然诸乘中其名虽同，义亦少别：有共造依报，各造正报；有共造正报，各造依报；众生迷故，或谓自然、梵天等造，造已或谓情与无情。

故造名犹通，应云心变；心变复通，应云体具。以无始来心体本遍，故佛体遍由生性遍。遍有二种：一宽广遍，二即狭遍。所以造通于四，变义唯二，即具唯圆，及别后位。

故藏通造六，别圆造十。此六及十，括大小乘教法罄尽。由观解异，故十与六各分二别：藏见六实，通见无生，别见前后生灭，圆见事理一念具足。论生两教似等，明具别教不诠。种具等义，非此可述，故别佛性，灭九方见，圆人即达九界三道，即见圆伊三德体遍。

注释

①**四微**：指色、香、味、触四种极微。由四微而能成四大（地、水、火、风），由四大而能成五根（眼、耳、鼻、舌、身）。

译文

来客说：那么，大师能否就四种教法，谈一谈各教阶对“非感情生命体”佛性有无的问题，以及具有主动创造力的心识和心识所变现的世界之间是相互包容还是各自独立等等问题的基本看法呢？

我说：稍稍讲述一下大意，还是可以的。谈什么呢？法华涅槃时以前的藏教阶段和通教阶段所教化的三乘众生都没有承受圆融的佛性理论，声闻乘、缘觉乘畏怯论证教理，菩萨乘尚未能自觉觉他，别教阶段的人虽然依据真实道理，但在建立教法时主张方便言教，因此其体系不能圆满。总之，上面七种人可以说都有分别生命与非生命的观念，都还不懂得非感情生命体也有佛性的究竟道理。达到圆教阶段的人自始至终知道内外、因果道理无别，并没有离开心识而独存的外境，哪里又有什么生命非生命的区分呢？在法华法会中，一切事物都圆融而无障碍，草木山河悉皆平等，色、香、味、触哪有什么差别？举手投足都趋向觉悟，弹指合掌也都是成佛的机缘。法华涅槃时明确提出天台宗唯一究竟的成佛教理，同时又会通前三种教法，这样并不违背佛的本来心愿，怎么能直到今天还要说非感情生命体没有佛性呢？

至于谈到“一切事物由心识创造或变现”的问题，这是大乘的理论，小乘虽然偶一及之，但没有建立系统学理。可是大乘诸宗学派中，虽然都主张“一切事物由心识创造或变现”，但其中的内涵又有一些差异：有人主张共同行为的结果是造就外在社会和自然界的原因，个人行为的结果是造就自身生命身体的原因；也有人主张共同行为的结果是造就自身生命身体的原因，而个人行为的结果是造就社会和自然界的原因；由于认识上的迷谬，有些众生甚至认为整个世界都由自然、梵天所造，创造以后又有了生命界和自然界的区分。

总而言之，“造”这个词是大家共用的，其准确释义应该是“由心变现”；“心变”这个词又是大家所通用的，它的真正意思应该是“心之体性本来具足”（体具）。因为无始以来，心识本体就是周遍而无隔碍的，所以，所谓佛性之普遍性乃由心识之普遍性而来。遍、周遍又有两种情况：其一，就宽广而谈“遍”；其二，就统摄“狭”而谈“遍”。总地说来，藏、通、别、圆四教都谈“造”，创造，而“一切事物由心变现”的主张则只有别教、圆教二家，至于“心识体性本来具足”，这一说法只有圆教和别教较高的层次上才谈。

因此，藏教、通教只讲造化六种世间（指地狱、饿鬼、畜生、人、修罗、天这六种世间），别、圆二教则讲造化十种世间（前六种称为“凡”，再加上声闻、缘觉、菩萨、佛这四“圣”世间，共十世间）。以上有关六种世间、十种世间的说法把大、小乘一切教法都统摄起来了。此外，诸教对“世间”的性质之认识也不相同，因此出现对于十界和六界的两种看法：藏教把六种世间都看成真实存在；通教则看到六种世间如幻如化、无生无灭的特性；别教看待十种世间，以为有着前后生灭灭生的次第；至于圆教，则认为当下现实一念中一切事理圆满具足，一切世间圆满具足。就变现十种世间而言，别、圆二教好像很一致，但涉及心识体性之本来具足十界的问题，别教就讲得不清楚了。但如果说到知了一切事物的圆满智慧是原本具足的这一教义，就不是上述所能讲清的，因此别教主张要待灭尽九界之后，才显示出佛性来，而圆教则主张，只要通达了九界三道的圆融含摄性质，那么就可以了解到真实理体的般若、解脱、涅槃三种圆满德性无所不在了。

原典

客曰：如何能摄依正、因果？

余曰：一家所立不思议境，于一念中，理具三千。故曰念中具有因果、凡圣、大小、依正、自他，故所变处，无非三千。而此三千性是中理，不当有无，有无自尔。何以故？俱实相故。实相法尔，具足诸法；诸法法尔，性本无生；故虽三千，有而不有，共而不杂，离亦不分；虽一一遍，亦无所在。

客曰：其理必然，仆深仰之。此为凭教，为通依诸部，为专在一经？

余曰：斯问甚善！能使其理永永不朽。虽则通依一切大部，指的妙境出自《法华》，故《方便品》初，佛叹十方三世诸佛所得微妙难解之法[①]，所谓诸法实相，如是相等。当知"如是相等"，即是转释"诸法实相"。以诸法故，故有相等；以实相故，相等皆是；实相无相，相等皆如。

注释

①**佛叹十方三世诸佛所得微妙难解之法：**这段文字出自《法华经·方便品》，原文如下："舍利弗！如来知见广大深远，无量无碍、力无所畏、禅定解脱三昧，深入

无际，成就一切未曾有法。舍利弗！如来能种种分别巧说诸法，言辞柔软，悦可众心。舍利弗！取要言之，无量无边未曾有法，佛悉成就。止！舍利弗！不须复说，所以者何？佛所成就第一希有难解之法，唯佛与佛乃能究尽诸法实相，所谓诸法如是相、如是性、如是体、如是力、如是作、如是因、如是缘、如是果、如是报、如是本末究竟等。”此文所谓“微妙难解之法”，指一切存在的真实状态、真实理体，又指佛广大知见的对照对象，故译文中随宜译成“真实理体”“所知境界”“认识对象”“对照对象”，等等。此论对《法华经》中此段核心文字讨论颇详，故今一并录出以供参考。

译文

来客说：究竟怎样才能把社会自然界和生命界、因位和果位统摄起来呢？

我说：天台宗认为，作为所观之境在一念心识中圆满具足了三千世界的一切事理，这个所观之境是根本不能用分别心识去虚妄推求的。因此可以说，凡现实一念之展开，都遍融含摄因位、果位，凡夫、圣贤，小乘、大乘，生命、非生命，自身、外界等等一切现象、一切事理，因此上面说现实一念中具足了三千世界。进一步说，这所谓的“三千世界”是在排除执着实体的错误认识后显示出来的，三千事理因此既不可被执着为有，也不可被执着为无，而又丝毫不妨碍现象存在的“有”“无”二种规定性。这是什么道理呢？因为所谓“三千世界”正是一切事物的真实的永恒的本来面目。事物的本来面目自然而然地统摄着一切现象存在，一切现象存在自然而然地排斥了如所执着的有生灭现象的实体性。所以三千世界作为所观之对象具有这样一些特性：它们存在，又非如所执着之存在；它们体性遍在，却又不受杂染；它们各自保留作为现象的存在特性，却又不互相隔断；“实相”的本性遍存于一切现象存在中，却没有一处是它固定不变受到局限的显示。

来客说：最高的真理一定是这样的，我深深敬仰大师一系的天台学！作为一个圆满教法的理论系统，天台一系学说究竟普遍依从诸部大乘经论呢，还是专门依从某一部经？

我说：你这个问题很有意义！将使天台一系的心传源源不断地流传下去。大致说来，天台一系教法虽然广泛导源于诸部大乘经论，然而直接揭示最高境界的，还是出自《法华经》，因此《法华经》中《方便品》开头，佛称赞十方三世一切诸佛所证悟的微妙的“法”，称之为“一切事物的真实永恒的本来面目”，接着讲到“如是相等”的十个“如是”。关于这段经文，我们要了解，“如是相等”以下，都是解释前面的“一切事物的真实永恒的本来面目”。因为佛所证悟的微妙境界没有脱离一切事物，所以表象、性质等等十个方面的现象规定性都是存在的，称之为“有”；又因为佛所观之境界是真实永恒原本具备的，所以十种现象规定性都应加以肯定，称之为“是”；还因为一切事物的真实永恒本来面目是不可以用有限或有形的相貌来推拟的，所以又称表象等规定性为“如”，“如”即如其实际而并非实际之意。

原典

客曰：云何三千？

余曰：实相必诸法，诸法必十如，十如必十界，十界必身土；又依大经及以大论，立三世界，故有三千，具如《止观》及《广记》中。故知因果、凡圣，恒具三千。是故叹云：唯佛与佛乃能究尽。十方世界稻麻二乘[①]如恒河沙，不退菩萨并不能知斯义少分。即指前之七种人也。

是故，身子三请殷勤，十方三世诸佛开显，释迦仰同无复异趣。大车譬此；宿世示此；寿量久本，唯证于此；根败适复获记由此；菩萨疑除，损生增道，始初发心，终讫补处，岂有余途并托于此？由前四时兼、但、对、带，部非究竟，故推功《法华》。《涅槃》兼权，意如前说。

当知一乘十观，即法华三昧之正体也，普现色身之所依也。正因佛性由之果用，缘、了行性由之能显。性德缘、了，所开发也；《涅槃》真伊，之所喻也；《法华》大车，之所至也。诸大乘意，准例可知。子得闻之，可谓久种。勤而习之，无使焦败。愿未来世诸佛会中，与子相遇。

注释

①**稻麻二乘**：稻麻譬喻多物。《法华经·方便品》中讲："如稻麻竹苇，充满十方刹。"

译文

来客说："三千"又该怎样来理解呢？

我说：一切事物的本来面目必须通过各种现象显示出来，而现象存在又必须从十个方面去把握了解，这就是"十如"；如此所了解的现象形态必定融摄了心识变现的十种境界，这就构成"百界"；而每一种界域都由正报与依报相合而成，因此相互同时具足其他的境界，这样就构成了“千如”；最后，根据大乘佛教诸部经论，必须从生命界（众生）、生命元素界（五阴）及自然界（国土）这三个方面来理解世界，这样终于就得到“三千”的概念。此说在智者大师所著《摩诃止观》以及《广记》中都有详细的分析。据此我们了解到，无论因果、凡圣，当下一念中自然而然地圆满具足了三千世界的一切事理。因此，在上面所引证的那段经文之后，佛感叹说：“真正的所知境界只有诸佛之间才能沟通。十方世界如同稻麻一样茂密的声闻乘、缘觉乘等一切修行人像恒河之沙那样多，但包括果位不退转的菩萨们，也都对那个广大真实的三千世界知之甚少。”佛所说指的就是前面提到的七种人。

因此，舍利弗菩萨前后三次殷勤地请教，十方三世诸佛才予以显示，而释迦佛与十方诸佛建立教法的宗旨和目的完全一致。所谓“广大车乘”，即譬喻佛所证悟、佛所开示的这个义理，这个境界；佛宿世以来巧设方便点示着它；佛在其久远寿命里只是为了证悟它；那些败坏德行的人最后回到佛的道路上，蒙佛认可终当做佛，其根本途径也由此；菩萨排除犹如毒刺的对佛理的疑见，宁肯舍弃生命而增长修持佛法的功德，从发心修行到果位成佛，难道除了此义理之外尚且有别的道路吗？佛的五时教法中，前四时或者既说方便又说究竟，或者只说方便，或者针对方便说究竟，或者附带方便说究竟，因此前四时教法都没有把这个广大精微真实圆满的本来境界直接显示出来，由此我们说天台心传之传统应该推功于第五期法华涅槃时所讲的《法华经》。虽然同属第五时教法，然而《涅槃经》仍然兼带方便而谈，这个道理在前面已经分析过了。

你应当认识到，天台祖师们所倡导的“一乘十观”就是“法华三昧”的最纯正的认识方法，也就是普遍地展现物质形体实质的依托。一切事物本具之正因佛性由此观照而达到进入果位的功能，缘因、了因二种佛性也只是在此种观照中才显示了其所具有的行动性特征。而佛性的中道第一义空之德又正是借二因佛性之智德、断德才得以开发出来的；《涅槃经》用“圆满三德”，即∴形来表述它；《法华经》所谓的“广大车乘”，最后即驶入这个境界。其他诸部大乘经典的宗旨都可准此获得通达。今天你能听到这些道理，可以说是很久以来早就下了功夫，才有这缘分。希望你勤勉地修学这些道理，莫让它们像摘下的鲜花一样枯萎掉。更希望能在遥远的来世，众佛的法会中与你再度相遇。

原典

于是野客悲喜交集曰：投身莫报，粉骨宁酬，唯以此义，随方转说，以报所闻，如何？

余曰：佛有诚诫，自可为规。经云：若但赞佛乘，众生没在苦，我宁不说法，疾入于涅槃。寻思方便，先小后大，此乃以偏助圆，方可为说。又云：当来世恶人破法堕恶道，志求佛道者，广赞一乘道。此即简人方可为说。然末代施化，复未知根，亦可如安乐行①中，但以大答；亦可如不轻②、喜根，而强毒之。

故《首楞严》中，闻生谤者，后终获益，如人倒地，还从地起。应运大悲，无恼他说。子应从容观时进否，将获彼意顺佛本怀。

注释

①**安乐行**：指四安乐行，见于《法华经·安乐行品》，即身安乐行、口安乐行、意安乐行、誓愿安乐行。这是四种方法，使人在身体、语言、意念、心愿等四方面远离过失，教化众生，在安详、欢乐中达到修习的目的。

②**不轻**：指常不轻菩萨，即无量阿僧祇劫的威音王如来时，有一菩萨比丘，逢人便拜，说：你们都能行菩萨道，未来一定成佛，所以不敢轻贱你们。因此被人们

称作“常不轻菩萨”。不理解他的人，加以谩骂辱打，他仍不改变，后乃成佛。

译文

此时，这个和我辩论的人悲喜交集，他说：我即使粉身碎骨也不足以酬报大师的恩德，今后我想走到哪里就把上述高深道理讲给哪里的人听，以此来报答我受到的教诲，大师意下如何呢?

我说：在这方面佛早就定下过明训，你可以引为规范。经中说：“如果只赞美佛的教法，而众生却在痛苦中沉沦，我宁愿不演说佛法，便迅速地进入寂灭宁静之中。”考虑到给众生提供方便，于是先小乘后大乘，这是以方便显示究竟，如此方可给众生说法。又有偈颂：“在将来世代，恶人将摧残佛教，坠入恶道，而那些立志追求佛法的人，却会广泛赞扬传播成佛之道。”这就是分辨求法者的根器，遇到真正可以传承佛道的人，才可以传授真实道理。然而在末法时代传播佛法时，众生根性大多很薄弱，而说法者又无从了解听众之根性，在这种情况下就可遵循《法华经》中提供的四安乐行方法，纯粹向听众宣说究竟道理；也可以像常不轻菩萨、喜根菩萨那样，硬是要把究竟道理无偿地奉献。

所以《首楞严经》中有个说法，说那些听到佛法反而诽谤佛法的人将来还会得救受益，他所听到的佛法终归在他身上要发生作用，这好比一个人倒下地，还会从地上爬起来一样。应当发扬同体大悲的精神，不要因别人的不同说法而懊恼。总之，你要从容地考虑当时的阶段，一方面要留意对方的接受能力，另一方面又要使自己所说直接符契佛的宗旨和心意。

原典

若有众生未禀教者来至汝所，先当语云：汝无始来，唯有烦恼业苦而已。即此全是理性三因，由未发心，未曾加行[1]。故性、缘、了，同名正因。故云众生，皆有正性。既信己心有此性已，次示此性非内外，遍虚空，同诸佛，等法界。既信遍已，次示遍具。既同诸佛，等于法界，故此遍性，具诸佛之身。一身一切身，如诸佛之感土。一土一切土，身土相即，身说土说。大、小，一、多，亦复如是。

有彼性故，故名有性。若世人云：众生唯有清净之性，加修万行，为功用体，故至果时方有大用。此乃佛有众生之性，不名众生有佛性也。三无差别，斯言有征，寄言说者，勿负斯教。若言众生有正因性，与法身等，不与报、化等者，还成众生与众生等。何者？若除报、化，犹是众生。若言等于有报、化之法身，其如法身非报、化外，以是言之，故须悉等。

今此示有，是示种性；示遍，是示体量；示具，是示体德。既示三已，次令缘于一体三宝，发四弘誓，进受菩萨清净律仪，一一缘向理性三因，修行填誓，如向所闻，种必相续，世世生处以人天身，佛会再闻，而得解脱。若已禀方便教者，若闻、若行、若伏、若断，随其所得，点示体具。故经云：汝等所行，是菩萨道。故《法华》中五章开权，一一但云是法皆为一佛乘，故众生闻已，皆得种智。散心[2]讲授者，随宜设化；一种观心者，从心示之。若惮教生诤竞者，应当语云：闻已成种，不敢轻汝。汝等行道，皆当作佛。

故大师判教末云：佛法不思议[3]，唯教相难解。二乘及菩萨，尚所不能测，何况诸凡夫？而欲判此事，譬如生盲人，分别日轮相，欲判虚空界，一切诸色像，而言了达者，毕竟无是事。是故有智者，各生惭愧心，自责无明暗，舍戏论诤竞。大师亲证判已，尚自谦喻后辈：余今准此一家宗途，奖导于子，非师己见，子亦顺教，如是流行。

野客于是欢喜顶受[4]，自尔永劫，唯奉持之，所在宣弘，不违尊命，敛容再拜，安庠而出。忽然梦觉，问者、答者，所问、所答，都无所得。

注释

①**加行：** 加倍努力，为正式修行做准备。

②**散心：** 散乱放逸之心，一意指精神不集中、不专注；另一意指漫逞分别之心，即使能认识到性空的道理，往往又堕入虚无“空见”。此处泛指执不正确认识的人们。

③**不思议：** 指不可思虑言说境界。主要用以形容诸佛菩萨觉悟之境地，与智慧、神通力之奥妙。俗谓事理深妙神奇，无法以思索或讨论而得者，皆以不思议形容之。

④**顶受：** 以顶礼接受。顶礼，又称扺足礼，即以己首，触抵尊者之足，是最高的敬礼。

译文

如果有人未领受过佛的教诲，来到你的住所，你应当首先这样来开导他：无始以来，只有三样事物主宰着你的生命，它们是贪欲、恶行以及身心内外由种种压迫而导致的身心苦恼。之所以会有如此情形，全是因为你本自具足的三因佛性没有得到求真信念的激发，没有得到修行实践的开发和强化而已。因此，真实理体、功德实践及正智慧这三者都可以称为成佛的正因。因此说，一切众生都具有成佛的正性。在对方正信自己现实心识中具足三因佛性后，接着就可以向对方说明，他自己所本具的佛性像虚空那样非内非外，不可以形体方所来加以局限，它直接等同诸佛，等同一切真实境界。在对方正信自己本具佛性之普遍性后，接着就向他点明，十种凡圣不同的境界又是互具互融的。既然自己所见之佛性等同于诸佛，融通于真实境界，那么这个普遍的佛性也就具备了诸佛法身。一个法身可以化作一切法身或色身或法门身，如同诸佛感应而生的佛土。一处佛土也可以化作一切佛土或秽土，法身就是佛土，色身就是秽土，二者不二，讲法身便是在讲佛土，讲佛土便是在讲法身。此外，诸如大小、一多等种种名言概念也都可以周遍融通。

什么叫作“具有……性”呢？只是在真正具足了某种事物的性质时，才可以称作“具有……性”。假若像一般人所相信的那样，说众生只具有清净本性，加以种种修行活动，就会成为具有德性功用的实体，所以到了果位之时，就会产生巨大作用。这其实是说佛具有从众生修行而成的特性，根本不是说众生具有佛的德性。经典中有明训“众生、心和佛，这三者没有差别”，一切弘扬教法的人千万不要辜负了此点。如果有人说众生的正因佛性等同于作为法身的真实理体，却不与诸佛的报身或化身相等同，这样的说法根本上只是承认众生等同众生，根本没有认清众生与诸佛之间的含摄关系。为什么要这样说呢？因为如果不具备应化众生的身体，那说明只是下劣凡夫而已。有些人说众生的正因佛性同具有变现报身或化身功能的诸佛法身相等，说这些话的人并不懂得，其实诸佛之真实理体并不在诸佛的报身或化身以外，由此而论，则一定要说众生的正因佛性等同于诸佛的真实理体，也等同于诸佛的报身或化身。

我们在这里说有佛性，是指佛法具备根本性质；我们说普遍性，是指佛性的空间范畴无所不在；我们说三因具足，是指佛性所体现的智德、断德和第一义空。在把这三个方面向对方阐明后，应当让对方在起源于同一本体的三宝面前立下四弘誓愿，进而接受菩萨应持的清净戒律，一切依据众生本具的三种佛性，以践修来实践誓愿，如同过去所听到的佛法一样，那么佛性的根本性质必然相续绵延下去，世世代代修成人身、天身，最终在佛陀法会上亲受启发，乃至于彻底觉悟、解脱一切生死系缚。如果对方在向你请教之前，已经接触了其他方便言教的道理，那么就应特别注意对方的实际情况，随时随宜地向他点化自体本来圆满具足三因佛性的道理。

因此经典中每每有佛赞叹其他修行人的记载，说“你们所做的一切，恰恰体现了菩萨的正确方法”，等等。因此《法华经》中多层次地打开方便之门，一一显示，最终主张一切教法在根本上都是成佛之道，因此众生在听到《法华经》对诸种方便教法的融通后，其心智向着佛的层次一下子打通了。智者大师在讲解《法华经》时，一方面随顺方便多层次地解释经文意义，以便教化执着于各种不正确见解以致心识散乱放逸的众生；另一方面又总要归结到观察心识上来，这是为了教诲专注于观心修习的众生从心性上体会本具三因佛性的道理。如果碰到一些讨厌文字教法的人前来争论，就应当称赞他们说：“你们所受的教法熏习，正在生命中成就了佛性的根本性质。我怎敢对你们心存轻视呢？你们只要努力实践修习佛法，将来一定会成佛！”

因此，智者大师在判教的末尾这样说：“佛法是不可凭妄心猜测拟议的，其中最困难的莫过于对诸种教法教相的理解。声闻、缘觉和菩萨，修行层次很高了，尚且觉得此问题深不可测，更何况一般凡夫呢？假若勉强要对教法教相进行判别，那就好像一个天生的盲人却要分辨太阳的形状，还想评判从虚空中显现的一切物质现象，如果这样也能说是搞清楚了，归根结底是一句空话。因此有智慧的人应当谦虚，应当惭愧，自责己之愚痴，不再轻率地发表意见进行辩争。”天台大师亲证了那不可思议的境界，据此判别一代时教，组成圆满体系，尚且自谦，晓谕后人：我今天根据天台宗学来引导你，也并非我个人的见解，希望你能随顺教法，照此传播。

这时，客人十分高兴，以大礼恭敬地接受了我的话，发誓从此生生世世奉持天台心传，随其所在，如理弘扬，不辜负老师的教诲，随后他神情肃穆再次跪拜，安详退出。忽然，我醒了过来，问者、答者，所问、所答，这一切也都如梦如幻，变得无影无踪。

源流

湛然这部《金刚錍》的写法，与一般佛门著述大有不同。一是采用了犹如扬雄、司马相如、枚乘之流的“答客难”的体裁，因问置答，层层深入，显得生动活泼。在佛教史上，如南北朝时慧琳曾著《白黑论》，虚拟了黑、白二先生相辩，与本书有异曲同工之妙。二是通篇将近万字，就一个专题“无情有性”，从若干个方面来加以比较，做系统、全面、集中的阐释，与中国传统文化中微言大义、心领神会的表现方式相比，犹如一篇现代的哲学论文。像湛然这样言简意赅、论证充分、说理透彻的论文，无论古今中外，都可以称得起是上乘之作。

就《金刚錍》的主题——佛性论而言，可以追溯到印度佛教的各种经典。小乘虽然只承认有一佛，其他人不能成佛，当然也不具备佛性，但到了小乘佛教后期，即部派佛教时期，佛性问题已成为诸派都必须面对的问题。世亲在《佛性论》中即追述了分别部、毗昙萨婆多部等派别的不同说法，并直接以“佛性”作篇名。至于大乘，认为佛有无数，其依据必然是要肯定佛性的普遍存在。大乘佛教经典，如《胜鬘经》《大方广如来藏经》《解深密经》《楞伽经》《维摩诘经》《涅槃经》《华严经》《法华经》等，无一不谈到佛性。尽管思想体系、论证方式各有不同，但承认佛性存在则是共同的。分歧往往出现在对佛性存在范围的论说中。如果要追溯《金刚錍》佛性思想的起源，当然要以上述佛经为其本。

但如果就天台宗自身而言，智𫖮在《法华玄义》《观音玄义》《摩诃止观》等一系列著作中提出的佛性观点则是独具特色的，其后湛然、知礼继承和发展了这种特色。这种特色主要表现在三个方面。

第一个方面是提出“性具善恶”论。一般人对佛性的理解，都会认为那是最纯净、最完美的。除了天台宗之外，从印度到中国，各种学派各种宗派无不做如是观。然而，天台宗却认为，佛性中仍兼具善恶，只不过到了成佛的地步，只去修善而不再修恶。智𫖮在《观音玄义》中指出：“佛虽不断性恶，且能达恶。以达恶故，于恶自立，故不染恶因，不得起修恶，故佛永不复恶。”而发展到宋代知礼的阶段，他更提出了“理毒性恶”的观点，对“性恶”做了更深刻的阐释。从修行的角度看，如果没有性恶，也就失去了“理消”的目标和功用。因此，佛性不是纯净的、完美的，而是包含了“相对种”或“敌对种”，即善恶相互对立而又统一的圆融无碍的境界。

第二个方面是强调“一切众生悉有佛性”，乃至提出“无情有性”“草木成佛”。智顗大师对佛性的看法，以有情有佛性为主。智顗讨论从凡成圣，常引“一切众生悉有佛性”，反对把凡、圣截然分开。为了说明凡圣具有转化的基础，他以“十界互具”作为佛性普遍性的前提。他认为，如果把凡圣对立或隔绝，“则凡无实，永不得成圣；圣无权，非正遍知。此乃专辄之说，诬佛慢凡耳”。

在佛性论上，湛然比智顗推进了一步，即本书中提出的“无情有性”。他首先确定：“我及众生皆有此性，故名佛性。”接着将这种佛性普及一切事物：“其性遍造、遍变、遍摄……是故须云无情有性。”本书就诸多方面加以论证。虽然读起来颇有些形而上学的味道，但运用到宗教实践中去，其思想价值、社会效益都是不容低估的。

知礼对湛然的佛性论更有所继承和发展。湛然在本书中讲道：“生佛依正，一念具足，一尘不亏。”知礼则认为：“故修外观，如观一尘，亦须先用妙解，了知内心及一切法，同趣一尘。但于一尘，观一切法。”知礼的观点可以概括为“内心趣外”，即将“皆具三千”的佛性从内心扩及一切法。因此知礼反问道："岂亦有草木各自成佛之过耶？"

第三个方面是运用天台宗"一分为三，推崇中道，不舍两边，三谛圆融"的思辨方式，将佛性具体区分为三个概念，即正因佛性、缘因佛性、了因佛性。这样"三位一体"的思辨方式，包含了成佛的理性依据和终极目标，同时包含了为成佛而开发智慧、积造功德的思索和实践，可以说这是从出发点到目的地以及二者间的必要过程的一个整体。在这里一即三，三即一，从理论到实践，不可或缺。所以，简单地把天台宗这种将佛性解析—综合的思辨方式视为名言概念的戏论是浅薄之见，在佛教的发展中，无论在理论上，还是在实践上，这种思辨方式都有十分重要的现实意义。

湛然在写下《金刚錍》之后，曾逐句逐段地做过论说，他的弟子明旷法师认真地做了笔记，后人予以出版，名为《金刚錍论私记》。这部《私记》对于理解湛然的思想十分重要。由于《金刚錍》的文体所限，"其中教诫谆谆处，有文理郁乎叵辨者"，只有读到《私记》，"于是乎豁如也"。因此，读《金刚錍》，不可不读《金刚錍论私记》。当然，既曰"私记"，未必是湛然审阅过的，所以，后人也称明旷为"善于绍述者"，并认为"学台教者不可不究也"。

宋代阐扬《金刚錍》的佛性论思想、引述《金刚錍》主要观点的，首推四明知礼。但知礼并未就《金刚錍》专门著述。倒是与知礼的山家派针锋相对的山外派人物孤山智圆写了一部专著《金刚錍显性录》。

智圆在序言中写到这部书之所以名为《显性录》，是因为“采摭群言……敷畅厥旨。……既录本宗要文，显此佛性妙义”。智圆概括《金刚錍》一书，是“依止观不思议境所明，刹那心中，具三千法，染净、依正、因果、自他，摄无不尽。刹那既遍，佛性遂周，则了瓦石，唯我心性”。看起来，在“无情有性”这一观点上，智圆仍然维护了湛然的立场。

此外，还有四明沙门善月著述的《金刚錍论义解》，今在《续藏经》中仅存其中卷，其余部分均已亡佚。文中多处引用了知礼的观点，如《十不二门指要钞》中对“随缘”与“体具”的关系等等。基本上忠于宗门，能做到祖述阐扬。

在对《金刚錍》进行注释解说的著作中，还有一部篇幅较大的《金刚錍释文》，释者为天台沙门时举，由玄箸、新伊二人加以合会校订。这部书的释者仍是山家派的后裔，开宗明义便追述道：“《四明十义书》云，荆溪立于无情有性，正为显圆妄染即佛性，旁遮偏指清净真如。据此，则四明已断尽《金錍》述作之意。”而释者对

《金刚錍》的阐释弘扬，也正是为了“使山家学大乘者，毋惑于彼无情无性之见，而失遍具之旨”。

仅就研读《金刚錍》而言，《金刚錍论私记》虽由湛然亲炙弟子所记，但其自觉驾轻就熟，难免语焉不详。而《金刚錍释文》已在四明知礼之后，经过山家山外的论辩，许多观点日益鲜明。而为便于弘传，《释文》也更为详尽，更为可读。

《金刚錍》一书及其源流所体现的佛性论辩，在历史上曾是绵延千年的大课题。佛性论在宋代之后不是热门话题，似乎先哲大贤都已做了定论。宋明之际，儒家在心性问题仍论辩不休，可以看作是佛性论的继续。佛性论，归根结底还是人性论；人性论，在佛教文化体系中的最高形式就是佛性论。论辩佛性，毕竟是为了使人成佛。其实，论与不论或论什么，都只是形式，实质问题在于，人无法在没有任何坐标的情况下确定什么是人自己的位置。人需要最少找到两个极限，一端是无上超越、无尽圆融的，在佛教即尊之为佛——“觉者”；另一端是无比矛盾、无限痛苦的，在佛教则鄙之为饿鬼、畜生或地狱。没有这两个极限，谁也说不清人应该是什么。只要有人类存在，摆脱一端的龌龊诱惑而趋向另一端的崇高感召，便是永不停息的。佛性论的根本意义和价值也正因此而具备。

解说

《金刚錍》是天台宗九祖湛然大师讲佛性论的著作，湛然在这部书里提出的独特观点叫作“无情有性”。无情有性，意思是无生命的事物也有佛性。佛教的宇宙观把世界分为有情世界及器世界，有情世界指有生命有心识的生物界，器世界也称为无情界，指无生命无心识的外在事物，用今天的名词，它就叫作“自然界”。自然界是一切生命的活动场所、生存空间，它像容器一样容纳着生物机体的生生息息，所以自然界在佛教里被称作“器世界”。无生命的事物也有佛性，自然界也能成佛，这就是湛然佛性理论的独特观点。

在湛然之前，中土佛性论基本上主张“一切众生皆有佛性”、一切生命现象都具备着佛性，情与无情、生命与非生命之界限被看作是一个自然的前提。像这样公然突出主张无生命事物也有佛性的，在中土佛性论的历史上还是第一个，所以说湛然的观点十分独特。

在《金刚錍》中，湛然首先指出，人们在佛性问题上的种种误解、种种偏谬，都基于两个根源：其一，在佛教经论中，“佛性”一词本有多种用法、复杂意蕴，人们则往往执一义而为另一义，因此对于什么是佛性不能有圆满的认识；其二，释迦一代时教有方便、有究竟，有权、有实，甚至在同一部经典中也有方便与究竟之分。本着以上见解，通过对《涅槃经》和《华严经》等一系列经典的重新诠释，湛然突出地强调了“无情有性”的观点。

首先，湛然对《涅槃经》中“佛性如虚空”的譬喻进行了精彩的分析。他指出，既然佛性如虚空，而虚空又是非内非外、无所不在、无处不在的，虚空不可以形体隔开，因此佛性也不可以众生的身体来隔别、限制，不能说有感情、有生命的事物身上有佛性，而无感情、无生命的事物上则不具有佛性，假如这样限制佛性的话，佛性就成为有限的东西了，这同“佛性如虚空”的譬喻中所暗示的佛性之普遍性当然是矛盾的。至于《涅槃经》中说“一切众生皆有佛性”，却没有说“无感情生命体也有佛性”，这是从缘、了二因上来看待佛性。缘因即大悲功德实践，了因即般若正智慧，功德实践及正智慧都能开发众生潜具的佛性，使之显现出来，所以就果说因，施设它们为缘因佛性、了因佛性。一切生命体都以或潜在或现实的方式具备这两种能力，因此说“一切众生皆有佛性”。《涅槃经》附带方便显示究竟，所以它基本上按照缘因佛性、了因佛性来解释佛性，然而它也暗示了一个普遍性的佛性，这种佛性在一切事物中都平等地存在着，它在生命界、自然界中不分亲疏，这就是宇宙万法、一切存在现象的真实相状、真实特性、真实世界、真实理体等，这才是成佛的真正依据，所以说之为正因佛性。“佛性如虚空”的譬喻所暗示的就是这样一个佛性。

其次，湛然分析了《涅槃经》主要从缘、了二因解释佛性的原因。他指出，《涅槃经》在性质上是附带方便显示究竟的那类经典，所谓方便，就是针对众生的毛病，提出合适的教法，以便对症下药，治病救人。众生无始以来由主客对立的思维方式所限制，把主体和客体、主观和客观、生命和非生命严格地区分开来、对立起来，因而陷入无穷无尽的生死烦恼之中。基于众生的这种谬执，所以释迦从缘因、了因来解说佛性，一切生命都具有实践功德和认识真理的潜在能力，因此都有成佛的可能性。以缘、了二因解释佛性，主旨在对治众生无始虚妄分别的心识结构，为其修行提供切实途径。从

《法华经》所揭示的佛陀出世的本怀来看，主观与客观、生命与非生命的对立对峙无疑是不正确的，它只是出于众生的愚痴、偏见和习气；再者，人们学习佛教，目的在于学习成圣做佛，而不是学而为凡，因此必须改正凡俗的认识方式以符契佛之知见，只有打消生命与非生命的对立，才能认识真理。因此，在有情与无情之间主观设定界限是不能成立的，必须以正因佛性、真实理体来了解佛性，无情有性，无生命的外在事物也有佛性，自然界和众生一样都是圆满佛性的体现。

第三，湛然又借助于《起信论》中的理论模式为自己的佛性论做了论证。《起信论》把真如、真实理体看成一切事物的本体，本体随因缘条件关系的变化而变现一切现象，本体虽随条件关系的变化变现一切现象，而本体自身并无改变、并无生灭。佛性即真如，因此佛性虽然普遍存在于生命、非生命之间，虽然随一切存在现象而生灭变动，然而佛性本身则无改变。如果说佛性只存在于有情世界，却不存在于自然界，那么这就等于说真如不是一切现象的普遍本体了。这无疑是错误的。

第四，湛然又对法性和佛性的异同进行了辨正。他指出，佛在一些经典中把佛性归到生命体身上，指代生命觉悟能力，把法性归到无生命的外在事物之一，指代事物体性，这个区分也是针对众生无始以来虚妄分别的心识结构而善巧施设的，真正说来，能觉与所觉的对立对峙是不存在的。离开能觉、佛性，哪里有所觉、法性？离开所觉、法性，又哪里有能觉、佛性呢？正因为众生谬执不觉，所以才施设能觉、所觉，以觉其不觉，其实佛性即法性，法性即佛性，生命与非生命的界限应该彻底打消，这就是真正觉者的态度。

最后，湛然运用天台智者大师的“性具说”对三种佛性的真实性质又进行了深入辨正。如果我们根据上面的讨论得出一个印象，即正因佛性、真实理体是普遍性的，而缘因佛性、了因佛性则是有限的，专属于生命界的，这样的观点显然并未彻底解决生命与非生命的差别执着，也没有真正了解众生的佛性问题。佛性不能仅仅被了解为一种可能、潜能，心、佛、众生这三者是没有任何根本差别的，一切唯心所造，由心变现，心识没有任何局限，当下一念中即涵容互摄了从凡夫到佛果的十重世界，而十重世界又各各互摄，生命与非生命、因与果、凡与圣、身体与自然界，这一切一切都在心识的容摄之中。心识是容摄的、普遍的，佛性也是容摄的、普遍的，不仅正因佛性、真实理体无间隔地容摄万事万物，实践及正智也无间隔地容摄着一切事理，三因佛性都具有普遍、容摄的性质。因此不仅生命与非生命的界限被最后打消，而且众生与佛、凡与圣之间的距离也被彻底消除，众生即佛，佛即众生，一切都在当下一念中，唯看觉与不觉、迷与悟而已。

湛然直接继承了智者大师的心传，他的佛性理论虽有特殊的个性，却也是智者学说的合理开展，所以要想真正了解湛然的意思，就必须对智者大师的天才颖悟有所认识。

智者的学说从《法华经》等流而出。《法华经》中有这样的说法：一切诸佛为同一件大事因缘来到世间宣扬教化，即为着帮助众生认识并证入佛之知见。佛之知见，意思是佛对世界的看法、佛对世界的认识。佛对世界的看法和一般生命看待世界的方式、佛之知见和众生知见，这二者是非常不一样的。众生因为世俗认识而颠倒于生死烦恼之中，佛则由于对世界的独特观照而亲睹法之实际状态，掌握真理，解脱了生死。因此一切教法的真正目的、唯一目的就是帮助众生了解并接受佛的认识方式，帮助众生像佛那样看待世界，帮助众生创获“佛之知见”。智者大师的心传，简单说来就是追问什么是“佛之知见”这一根本性的问题。

照湛然看来，世俗生命认识方式的特征是在其心识中无始以来隐含着一个主客对立的思维结构。众生由于愚痴和习气，在其一切认识活动、情感活动及意志活动中都虚妄地分别出能知与所知、主体与客体、主观与客观等等，执着于二元对立对峙，于是不能认清世界之真相，不能掌握真理，其生命遂陷入重重错误和谬执之中。佛的认知方式则与前者迥异。佛作为觉者，就是觉悟到众生主客对立的认识方式之彻底虚妄性。佛把世界看成一个圆满圆融的整体，种种对立、对峙根本是不存在的，一切事物都为圆满佛性之体现。

生命界和自然界的对立，正是众生无始以来主客对立的思维方式之集中反映。按照佛的世界观，生命界和自然界的藩篱也是不存在的，生命界和自然界作为存在的现象无不显示着存在的真实本性。因此，说众生有佛性，这只是为着教化的方便；说无感情生命体同生命现象一样具有圆满佛性，这才是佛对世界的真正观点！

湛然继承了智者大师思想的精髓，他和智者一样努力地探索着“什么是佛的认识方式”这一根本性的问题。佛和众生的认识方式之根本差异，乃在于佛彻底突破了主客对立的思维模式，按照世界的本来面目来了解世界，事实上并不存在主客、能所的对立对峙，并不存在生命和非生命之差异差别，所以无情也有佛性，自然界也能成佛！

其次，湛然的佛性论强调自然界同生命界一样都具有佛性，这个观点不仅对于佛教的理论思维有着十分重要的意义，而且对于今天人类社会的种种弊病也是一剂绝妙的对症药。

人类社会的一切弊病，追本溯源，都由于人类无始以来主客对立的思维方式所致。在今天的世界上，主客对立的认知方式特别引起人与自然界的斗争、疏远、矛盾等重大问题，特别是由此引发的环境污染问题更使现代人类不能不正视。

由于主客对立的认知方式，人类把自己凌驾于万物之上，成为自然界的主人，而自然界则被视作完全没有性灵的东西，其存在的唯一义务即专供人类所役使。由此人类自进入近代社会以来，毫不间断地对大自然展开了一系列的斗争、征服和索取，人们自以为在征服自然方面取得了决定性的主动权，然而一朝醒来，却突然发现生态危机、环境污染等重大问题接踵而来，人们在自己生存栖息的地球上第一次失去了安全感、信任感，大自然正以激烈的方式申诉其反抗。其次，就人类个体来说，中古时代人与大自然的亲情关系不能再被诗意地捕捉到了，人对大自然失去了美感能力，人生活在一个与自然完全疏远的、纯粹的主观世界。

在此，湛然大师“无情有性”的佛性观点将深深启发现代人的性灵。首先，湛然大师把生命界与自然界的对立、对峙追溯到人类无始以来主客对立的思维方式，这为现代人解决人与自然的对立问题提供了最深层次的启迪：人类只有从根本上改造其思维结构，才能改造人与自然的相互关系。其次，湛然认为心识和佛性都具有普遍性，一切事物身上都圆满地体现了佛性。这说明，宇宙万物从究竟道理来看是绝对平等的，佛性无亲疏，并不会在人身上多一点，在自然界少一点，因此人和自然应该建立绝对平等的关系，不应该再遵循错误迷执的道路，把大自然看成专供人类剥削压迫的奴隶。再次，湛然认为宇宙间一切事物都融入现实心识的当下一念中，全宇宙一切现象、一切事理都处在一个圆满容摄的生动图画之中。这说明，人根本不能离开大自然而独立，不能把世界上任何一个事物看成孤立的、与外界毫无联系的。人与自然、生命与非生命本来即具足相互容摄的亲情关系，人类不应该再故意使自己与大自然相互疏远、相互排斥，二十一世纪的人类应该有勇气正视自己的无知，重新走入大自然中，重新诗意地审视人自己与自然家园的密切关系，重温人与自然的亲情与和谐！

附录

1　金刚錍释文卷上

荆溪尊者湛然撰　后学玄箬海眼会

天台沙门时举释　后学新伊大真校

《四明十义书》云：“荆溪立于无情有性，正为显圆妄染即佛性，旁遮偏指清净真如。”据此一则四明已断尽《金錍》述作之意。故此文首于题下，先示抉膜之旨，后于偏权疑碎，而下方示旁遮野客之意。又滥沾释典下，亦先明佛性正义；自曾于静夜下，方对野客耳。以此，则知一书始末，正为显圆妄染即佛性义。刚之一字，乃旁遮野客之偏执，使山家学大乘者，毋惑于彼无情无性之见，而失遍具之旨，故于性中，点示体遍也。

金刚錍圆∴金錍，以抉四眼无明之膜，令一切处悉见遮那佛性之指。偏权疑碎，加之以刚。假梦寄客，立以宾主，观者恕之。

圆伊三点，不纵不横，以喻圆融三德大教，示于佛性体遍。四眼二智，万象森罗；佛眼种智，真空冥寂。以九界众生，虽有四眼，而无明未破，佛性不显。故以圆伊三德大教，以抉九界四眼无明之膜，使其佛眼开明，见佛性之妙体也。九界三土之性既显，九界即遮那，三土即寂光，则一切之言，合该十界，故曰：圆人即达九界三道，而见圆伊三德体遍。

下文亦云：一切世间何所不摄？指义本于《大经》云：尔时，良医即以金錍抉其眼膜，初以一指示之，问言："见不？"答言："未见。"此抉见思之膜，示以真谛之指。未见中道，所证真理全是无明。复以二指示之，问言："见不？"答言："我犹未见。"此抉尘沙之膜，示以俗谛之指。未见中道，犹是无明。复以三指示之，问言："见不？"答言："少见。"此抉无明之膜，示以中道遮那佛性之指。以圆人分破无明，分证中道，故云少见。

故《辅行》引《涅槃疏》云："既譬佛性，不应余解。即以三谛，而为三指，初指如空观，故云不见；三指如十住，故云少见，即圆十住也。"如是开决，则知四眼即佛眼，无明即佛性，九界即佛界，空假即中道，有何一法而非遮那佛性？圆伊虽具三德，乃即一论三；遮那即一中道之理，乃即三而一。若知正因体遍，三一相即，何所不遍也？

但他宗惑于经中偏权之说，今直示以圆实佛性，使其偏权之疑惑消灭，故喻之以刚，所拟之处无不碎坏也。盖宗有所异，为护时情，不欲正斥，故假梦寄客，立以宾主。观此书者必毋罪也，故曰恕之，此谦辞耳。

自滥沾释典，积有岁年，未尝不以佛性义经怀，恐不了之，徒为苦行，大教斯立，功在于兹。万派之通途，众流之归趣，诸法之大旨，造行之所期。

然佛性之说，乃具遍之旨，自非潜心积学不能通明。滥沾释典，积有岁年，非积学欤？未尝不以佛性义经怀，非潜心欤？由斯二者，则涅槃佛性之文得以申通。若了此佛性，则可为教行之本。教行以此为本，故超过诸说，不堕邪见。

次举譬中，通途合大旨，归趣合所期。盖教诠佛性之源，示众生之本，有如水发源，故曰通途；行则从因至果，趣于极果，如流之归海，故曰归趣。

若是而思之，依而观之，则凡圣一如，色香泯净，阿鼻依正全处极圣之自心，毗卢身土不逾下凡之一念。

若是，乃承上之辞。苟能了知如上佛性之旨，为教行之本，则达一切诸法无非三千，有何一法非佛性具之义？亦未始有一念而越三千之外。上言滥沾释典，即闻慧；能如是思，即思慧；能如是观，即修慧；即闻、思、修之三也。若然，尚何凡圣、色香之异？

又虽依正各说，意实依正互融。凡圣者，或作六凡四圣说。下文既约九一分，此不当四六分。虽曰色香，则六尘在其中矣！佛性是一，故名一如。一色一香，无非中道，则离染碍，故云泯净。阿鼻依正下，佛界具九界，且就极下界，说云阿鼻耳！毗卢身土下，九界具佛界，既九一依正，互具互遍，即一念三千之法。文虽未明言三千，而三千之旨在其中矣！故阿鼻依正下，佛具三千诸法；毗卢身土下，乃生具三千诸法。只一三千，心、佛、众生一一具足，三无差别。此之四句，为下文对他宗破立佛性之张本也。暨下文以此三千妙旨破立之后，而野客方知一家所立不思议境、一念三千之功，始陈请之曰：云何三千？是知今虽不明言三千，而三千之旨在其中矣！

曾于静夜，久而思之，思之未已，恍焉如睡，不觉寱云：无情有性。

荆溪将显圆宗，折冲异论，故设睡梦以发言，立野客以发问，皆托事明理，强立问答，假立宾主。恍惚似睡，非实睡也，故曰恍焉如睡。

仍于睡梦，忽见一人云：仆野客也！容仪粗犷，进退不恒，逼前平立。

此下对斥外人所计言之。野则鄙之之辞，客则外之之意，言其未领佛性以来，有若野客。容仪等者，则叙情状如此，由其未深圆理，不能住于柔和善顺之地，故见之于容仪粗犷尔！由其不守宗途，出入彼此，进退失据，故见之去就不常耳。直欲与今争衡并驱，故云逼前平立。

谓余曰：向来忽闻无情有性，仁所述耶？余曰：然！

彼将欲挟其所承之说，与夫涅槃斥非之文，以难一家建义，故先定其宗旨，云向来等言。然者，泛应之也。

客曰：仆忝寻释教，薄究根源，盛演斯宗，岂过双林最后极唱究竟之谈？而云佛性非谓无情，仁何独言无情有耶？

忝寻、薄究，亦谦辞耳。他以《涅槃》为极唱，由古人立《涅槃》为第五时极唱，谓《法华》谈万善同归，未及双树佛性极唱也，故今云岂过双树等！《涅槃》既曰瓦石非佛性，仁何独言无情有性也？

余曰：古人尚云一阐提无，云无情无，未足可怪。然以教分大小，其言硕乖。若云无情，即不应云有性；若云有性，即不合云无情。

古人尚云阐提无者，指彼三无二有之家，言阐提无佛性也，如此则成有情亦无佛性。汝云无情无性，未足可怪。此且与之在古人，虽然若今家以教分大小，其言大乖。此之大小，当约偏圆以分。如下文云：藏通三乘，俱未禀性，别人初心，所禀未周。故此七人可云无情，不云有性。圆人始末，知理不二，心外无境，谁情无情？如此则无情无性之言属前三教，是权是小，无情有性属于圆教，虽不明言四教，而四教之义在其中矣。至下文，野客具知其义，方请问云：闻仁所宗四教释义，可得闻耶？

客曰：《涅槃》部大，云何并列？余曰：以子不闲佛性进否，教部权实，故使同于常人疑之。

此文由上，教分大小而生。若云大无无情，《涅槃》岂非大教？何以无情佛性并列？野客在前，不知佛性体遍，荆溪以教别大小而核之。野客于此，又执部难教，乃谓《涅槃》部大。部既是大，只可列有性之大，云何又列无情之小？荆溪于此，又以其不解教部权实、佛性进否，而斥之。

盖《涅槃》部虽是大，部中谈教有权有实，所以佛性有进有否。故曰：以子不闲佛性进否，教部权实，故使同于常人疑之。何者？《涅槃》部属醍醐，其如部中谈教，有权教之小，有实教之大。大教中，正因佛性，遍一切处，名进。权教中，缘了佛性，局在有情，名否。以子不思部中谈教有权有实，遂乃执权缘了，难实正因，疑于实教正因，不遍瓦石，故同于常人疑之也。

今且为子委引经文，使后代好引此文证佛性非无情者，善得经旨，不昧理性，知余所立，善符经宗。

今且为子委引《涅槃经》中，瓦石缘了不遍之权文，证佛性非无情者，善得经中权教缘了不遍之旨，不昧实教正因体遍之宗，知余所立众生正因体遍，善符合于经文所谈佛性之宗。

今立众生正因体遍，经文亦以虚空譬之。故三十一《迦叶品》云：“众生佛性，犹如虚空，非内非外。若内外者，云何得名一切处有？”请观“有”之一字，虚空何所不收？故知经文不许唯内专外，故云非内外等，及云如空。既云众生佛性，岂非理性正因？

今立众生正因体遍，荆溪立也。经文亦以虚空譬之，符经宗也。经谈常住佛性为宗，佛性之体遍一切处，故以虚空譬之。虚空喻文，出《迦叶品》：“众生佛性非内非外，犹如虚空非内非外。”众生心中本有佛性，遍一切处，无有罣碍，故以虚空为譬。所喻佛性，非局于心之内，非局于色之外。能喻虚空，非局此内，非局彼外。若局内外者，云何得名一切处有？

今请野客观经中“有”之一字，虚空何所不收？故云经文不许惟局内心，及专外色，是故得名非内非外、一切处有等，及云佛性犹如虚空。既云众生佛性，岂非因心理性之具？非内非外即是中道正因，故曰岂非理性正因！

所言佛性者，因不名佛，果不名性，因人具有果人之性，故曰佛性。在荆溪则曰众生正因，在经文则曰众生佛性；在荆溪则曰体遍，在迦叶则曰犹如虚空。既云佛性本来周遍，何假今立？良由野客但知权教缘了局在有情，不知实教正因体遍瓦石等，对其不知，故云立也。

虽云正遍，非但中理，本有三种，三理元遍，达性成修，修三亦遍。但为了因未曾发心，缘因未曾加行，性虽具三，以在迷故，开乃成合，故但同名理性正因而已。一切众生皆有正性，与下文即此全是理性三因，未发心等是同。但野客不了此意，却作权教缘了而说，故以缘了难正也。

次，迦叶问："云何名为犹如虚空？"佛乃以果地无碍而答迦叶，岂非正因因果不二？

然佛性之体，具足诸法，非内外，遍虚空，同法界，无有罣碍。是以前三十一卷《迦叶品》中，如来以虚空为佛性喻。由迦叶权机，不晓虚空喻遍之旨，故至三十三卷中，问云："众生佛性，云何名为犹如虚空？"今但略引一句尔，此是问因。以迦叶不但不解所喻佛性，仍复不解能喻之空，迷实执权。如来尔时欲显实教正因，因果不二，不将因答，乃以果地依正融通无碍之事，而答迦叶。

章安科此文，云佛性虚空。文有三节，先明佛性同虚空，非三世摄；二明佛性同虚空，非内外；后明佛性同虚空，无罣碍，即今云果地无碍而答迦叶。迦叶问因，如来答果，以由迦叶权机，惑果事而迷因理，齐已领解，故以果上缘了，是有为问。

由佛果答。迦叶乃以权智断果，果上缘了，悉皆是有，难佛空喻、法喻不齐。故迦叶云：“如来、佛性、涅槃是有，虚空应当亦是有耶？”佛先顺问答，次复宗明空。先顺问云：“为非涅槃，说为涅槃。非涅槃者，谓有为烦恼。为非如来，说为如来。非如来者，谓阐提、二乘。为非佛性，说为佛性。非佛性者，谓墙壁瓦砾。”今问若瓦石永非，二乘烦恼亦永非耶？故知经文寄方便教，说三对治，暂说三有，以斥三非。

此《大经》文，章安科为佛性异虚空。述者于斯先叙出难意，而后引文。迦叶通举因果三法，为难者。盖由如来以果答因，意显因果不二；迦叶以果推因，因果俱有，故举三法，以难虚空，法喻有无不齐。如来从而亦顺问，而答之以三，故记主首叙云，迦叶乃以权智断果，即如来、涅槃二法也，此即是果；果上缘了，乃佛性之一，此即是因。

迦叶不了佛答，乃实教正因，因果不二，乃认为权智断果，有缘了性也。此之智断，有证有见。果由因克，以因修缘，故果克断；以因修了，故果克智。因中恶法破尽，而证是果。是果者，功由别修，岂非在因有修、在果有证？因果既喻虚空，虚空是无，法喻不齐，乃成佛性异虚空之喻也。

故迦叶云：“如来、佛性、涅槃是有，虚空应当亦是有耶？”如来以果验因，皆如虚空；迦叶以果验因，与虚空异。教部权实、佛性进否，由之而有，所以科分佛性与虚空，同异者在此。故记主有带权说实，分正缘了之语，与夫寻常一向权实各说三因之义不同也。何者？迦叶难权，即缘了佛性与虚空异，是佛性之否也。如来说实，即是正因佛性与虚空同，是佛性之进也。迦叶既以权为难，佛亦顺以权为答，则三非之文，正是带权说三，二果一因也。如来、涅槃，果也；佛性，因也。

只缘错认权教智断之果，乃谓缘了之因有修，智断之果有证，虚空之体是无，何得以虚空之无，喻佛性之有？只缘权教因果不即，能所不忘，故至果时不忘因性。所以智断二果与果上缘了，悉皆是有，难佛空喻，法喻不齐。只缘迦叶权机，先则迷因，次则迷果，因合而果开，是故双挟因果并问，故云如来、佛性、涅槃是有，虚空是无。云何以虚空之无，喻佛性之有？虚空应当亦是有耶！此辩佛性异虚空也。

如来说因果在实，以空喻遍；迦叶解因果为权，以空喻无。迦叶既不晓实教之中因果不二，故佛覆实，顺权答三。先权顺问而答三非，次则复于实教佛性之宗，以明虚空喻遍之旨。

先顺问云“为非涅槃，说为涅槃。非涅槃者，谓有为烦恼”，佛证于果方是涅槃，因中有为烦恼非是涅槃，此以涅槃之果，斥于烦恼之因也。“为非如来，说为如来。非如来者，谓阐提、二乘”，佛证于果，方是如来；因中阐提、二乘，非是如来。此以如来之果，斥于二乘之因也。以由权教因果不即，是故以果而斥于因。“为非佛性，说为佛性。非佛性者，谓墙壁瓦砾”，有情中方有佛性，瓦石无情不有佛性，以此有情之因，斥无情之因。由权教色心不即，故以有情斥无情也。

今问若瓦石永无佛性，应阐提、二乘，永非如来；有为烦恼，永非涅槃也。故知经文正意，在圆佛寄方便权教，说三对治。说果上有涅槃，对斥烦恼非涅槃；暂说果上有如来，对斥二乘非如来；暂说有情有佛性，对斥瓦石非佛性。故曰暂说三有，以斥三非。权用三教，以为苏息；实不保权，以为究竟。故此权后，便用实教之义，而总结云：一切世间无非虚空对于虚空等。

自古于此有辩三非之难，乃谓迦叶问三，如来答三，显然各有三法。何故？荆溪在后结斥野客，但作缘了二法而叙，乃曰：“缘了难正，殊不相应。”须知迦叶问三者，乃云：“如来、佛性、涅槃是有，虚空应当亦是有耶？”此即迦叶问三也。为非涅槃说为涅槃等，此是如来答三也。若知经中佛意，与记中荆溪之意，则可知矣。

经意通因果，祖意唯局因。如迦叶问三，如来答三，有因有果，此乃经意通因果也。荆溪与野客所辩者，不辩如来、涅槃之果，只辩瓦石非性之因；野客亦不执如来、涅槃而难，乃执瓦石一非性文而难，故曰祖意局在因。是故荆溪在前，但云："不觉寱云：无情有性。"野客亦只执瓦石非性之权文而难曰，而云："佛性非谓无情，仁何独言无情有耶?"此乃以权缘了，难实正因。是故斥其不知教之权实，云"缘了难正，殊不相应"。

应知只一佛性之言，在如来则为实教正因，在迦叶认为权教缘了。只一佛性之言，在荆溪则为实教正因，墙壁瓦砾有佛性；在野客执为权教缘了，墙壁瓦砾无佛性。是故斥云"缘了难正，殊不相应"。若孤山佛性居中，义兼上下，与夫澄子照之说，不欲叙破。

故此文后便即结云："一切世间，无非虚空对于虚空。"佛意以瓦石等三以为所对，故云对于虚空，是则一切无非如来等三。迦叶复以四大为并，令空成有，故迦叶云："世间亦无非四大对四大，是有虚空无对，何不名有? "迦叶意以空无对，故有之大也。佛于此后舍喻从法，广明涅槃不同虚空。若涅槃不同，余二亦异。故知经以正因结难，一切世间何所不摄? 岂隔烦恼及二乘乎? 虚空之言，何所不该? 安弃墙壁瓦石等耶? 佛后复云："空与涅槃虽俱非世摄，涅槃、如来有证有见，虚空常故，是故不然。"岂非正与缘了不同?

佛先顺问答，乃暂说三有，以斥三非。故今不容不以实教正因，结显归源虚空体遍之圆宗也。故结云：“一切世间无非虚空对于虚空。”既是无非虚空对于虚空，此明虚空无待对也。既是无非涅槃对于涅槃，涅槃无待对也。既是无非如来对于如来，如来无待对也。既是无非佛性对于佛性，佛性无待对也。无其三非，此三皆是，即是三非而为三是。非对是说《涅槃疏》中作此消经，不可以“无非”作“无”不消也。

“佛意以瓦石等三为所对，虚空为能对，故云对于虚空”，虚空喻如来果遍为能对，阐提、二乘为所对，则阐提即是如来。虚空喻涅槃果遍为能对，有为烦恼为所对，则有为烦恼即是涅槃。虚空喻佛性周遍，即佛性为能对，墙壁瓦石为所对，则墙壁瓦石即是佛性。是则一切无非如来，一切世间皆是如来；一切无非涅槃，一切皆是涅槃；一切无非佛性，一切皆是佛性。是则一切无非如来等三。一切世间无非虚空对于虚空，虚空无对，是故名无。

迦叶在前，以法喻不齐，难空非有，乃云“如来、佛性、涅槃是有，虚空应当亦是有耶”，今来迦叶复有四大无对，难空非无，令空成有，故迦叶难云：不但无非虚空对于虚空，一切世间亦乃无非四大对于四大。四大无对，既得是有；虚空无对，何不名有？迦叶意以四大无对，是故有之小；虚空无对，是故有之大也。虽作此难，佛竟不答。

迦叶本以四大无对名有，难于虚空无对亦应是有。若四大无对，言之但无，外道所计非四大来对四大，故名为无。而四大中地、水、火、风各有相对，但以四大无对，得名为有。若虚空之中，更无一佛相对，得名为无。难既不成，故佛不答。

迦叶既不晓实教虚空之喻，故佛于此复舍实教虚空之喻，从于权教涅槃之法，广明权教涅槃之法。不同实教虚空之喻，具有一十五句，明其不同，故曰广明。若权教涅槃不同实教虚空，则权教如来、佛性亦不同实教虚空，故余二亦异。如是则权教因果皆不遍矣。

故知前来经文乃以正因结难，乃云“一切世间无非虚空对于虚空”，正喻实教因果，皆遍一切世间之言，非独摄于瓦石，故云：“何所不摄？岂隔烦恼及二乘乎？”虚空之言，不独该于二乘烦恼而已，故云：“何所不该？安弃墙壁瓦石等耶？”

佛以正因结难之后，复以实教虚空、权教涅槃，虽则俱非三世所摄，权教如来有证有见，具有一十五句，所以是有；实教虚空常住不变，故无证无见，无一十五句，所以是无。是故不然，故总结云：岂非正与缘了不同！若据《涅槃经》，但云涅槃有证有见，不云如来有证有见。今文例显，是故通云涅槃、如来，上文则曰若涅槃不同，余二亦异。

涅槃、如来是所克之果，既其是权；缘了佛性是能克之因，亦即是权。能喻虚空，以常住故，既其是实；所喻正因，以体遍故，亦只是实。岂非实教正因与权教缘了不同？此乃结示经文，斥于野客消文释义之失。

次，佛复宗显空非有，故恐世人以邪计空为佛性喻，更以一十复次，而遮其非。

前文云“佛先顺问答，次复宗明空”，先顺问答已，如前说，次复宗明空，今当辩之。复本说实教众生佛性，非内非外之宗，显于虚空之喻。以其虚空无待故，故云非有，非同权教有待对，而说三有。由佛性无待对，故遍一切处，喻如虚空无待对，故遍一切处。若其外道所计邪空，已有局限，非佛性喻，故恐世人以外道所计邪空为佛性喻，故更以一十复次，而遮其非。遮其邪空，显于正教。

以情分别，一切皆邪，正教亦邪；离情分别，一切皆正，邪空皆正。若以理言之，魔界如、佛界如，而邪正体一，何邪正之有？外道邪空之计，即性恶法门，一十复次所遮其非，全是佛性所遍之处，谁言邪空非是佛性？若佛性外更有邪空，魔能说之，即同魔事。今取明于圆常大觉之宗，岂有邪正是非、分别之相？以情从理，故有邪正之分；以理简情，乃有邪正之辩。邪正既其不同，是故邪空非佛性喻，故用复次而遮其非。

大意各有三初：初牒外计，次牒佛斥，后斥世同邪。然文有存略，或略佛斥，或广经文，亦不须一一对经考证，盖述者贵义易显故也。

初云，世人言：虚空者，名为无色、无对、不可见。佛言：此即心所，三世所摄。语似心所，故佛破之。世言身内，何殊心所？

世人者，非今所斥，乃经中佛斥者也。既空为非现见有对之色，此语全似心所法矣，故佛斥言"此即心所"。非性空无碍，莫喻佛性。今他宗计佛性惟局有情身内，不遍无情，何殊外道所计虚空似心所耶？

复次，外道言：虚空者，即是光明。佛言：亦是色法。世言身内，何殊色法？

邪计光明即是于空，佛斥光明乃是色法。外人不知光明乃空所容之色法，色无常岂无碍空？今世人计佛性局在身内，昧于佛性之体遍一切处，不隔情与无情。若在身内，正同外计，但以空中光色而为空也。

有云：住处。世言身内，岂非住处？

计空有处所，如东西二室，一满一空。佛斥若有住处，即亦是色法，三世所摄，非常住空。世人执佛性局于身内，不遍无情，即邪计空有于住处，满室无空，空室有空。

有云：次第。世言身内，必须随身刹那时运。

疏云："次第，如箫管中及空门向内。数人云：窗内见于窗外之空，先于第一窗棂中见，次于第二第三中见，故是次第。"世人计佛性在有情身内，此之佛性必须随于身内刹那之心，念念生灭，未念欲念，正念念已，四运次第，时时迁运。佛性随身，即有次第，正同外道所计虚空，而有次第。

有云：不离三法，一空，二实，三者空实。佛言：若言空者，有处无故；若言实者，空处无故；若言空实，二处无故。世言身内，犹阙外计空及二俱。

经云：有言夫虚空者，不离三法，止空及二俱。疏云："一、空在空处，有中无空；二、空在有处，无处无空；三、在有无处，如湿烂物，当烂未烂。"当烂即义当于空，未烂即义当于实，即空实处明有空。佛斥可见。今世人计有情有性，即但得外计有处有空之义，而尚缺于空及二俱也。

有云：作法如去舍等。世言身没，与真相应，即同作法。

言造作法，如去屋舍去树林，而作虚空。世人言：佛性在有情身内，正属别教破九界，而显佛界破九界，故云身没显佛界故，故云与真相应。若云破九界方显佛性，即同外道所计，去舍拔树，方见虚空也。

有云：无碍处。佛言：有分有具，余处无故。世言身内，余处则无。

有云：虚空即无碍处。佛言：此无碍处，为分有十方空耶？为具有十方空耶？若言此处具有虚空，其余诸处无虚空。世人云：有情身内有佛性，无情色上无佛性。正同外道所计，此处具有虚空，余处则无于虚空也。

有云：与有并合。佛言：合有三种，一如鸟投树，二如羊相触，三如二指已合。世言身内，如二指合。

有云：虚空与有并合。佛言：合有三种。一、如鸟投树，有情之鸟，无情之树，其业有异，名异业合；二、如羊相触，则彼此是羊，名共业合；三、如二双指合在一处，空体用已合，如一双指已合，物体用已合，亦如一双指已合，两种已合，共业为一处，名已合共合。

今文且云如二指已合，此是文略。世人言有情身内有佛性者，正如外道所计，空之体用与所计物之体用，各自已合，今共合为一处，如此则同彼身内与佛性共为一处也。

有云：如器中空。世言身内，何异器中？

外计空在器中，如果在器，今直言如器中空，欲使文义易显故也。佛斥云：如是虚空先无器时，在何处住？若有住处，虚空则多；如其多者，云何言常、言一、言遍？世言身内有性，先无身时，性在何处住？若有住处，佛性则多；如其多者，云何言常、言一、言遍？

有云：所指之处。佛言：则有方面。世言身中，岂非方面？

外计即所指之处，便为虚空。佛斥所指处，不出四方。今云方面，即四方也。空无方所，世言身内有性，局于方所，同彼邪空。佛性不尔，遍一切处，非内非外。

佛总结云："从因缘生皆是无常。"故此一十邪计虚空，非佛性喻，是无常故，三世摄故，虚空异彼，遍一切处。此违迦叶问，复宗符空，以喻正因。

佛于一十复次之后，总结斥云：有法若从因缘生者，皆是无常；既从邪无因缘而起妄计，云何能常？故此邪空不可以喻正因佛性。佛性是常，邪空是无常，三世摄故，佛性是遍邪空，质碍局方所，故自非开宗所说，空性无碍，非内非外，遍一切处者，何以喻今正因佛性？唯此正因佛性，方可取喻无碍之空。此所以违迦叶之问，复说实教之宗，方符体遍之空，足喻正因之性。故曰故此一十邪计虚空等邪。

世人何以弃佛正教，明于邪空？云何乃以智断果上缘了佛性，以难正因？如来是智果，涅槃是断果，故智断果上有缘了性。所以迦叶难云："如来、佛性、涅槃是有。"世人多引《涅槃》为难，故广引之，以杜余论。子应不见《涅槃》之文，空斆世人瓦石之妨。缘了难正，

殊不相应，此即子不知佛性之进否也。

此破野客偏权之执，显佛性进否之旨。“云何乃以智断果上缘了佛性，以难正因”，此斥野客以权难实也。何谓智果？如来是智果。何谓断果？涅槃是断果。何谓缘了佛性？故智断果上有缘了性。故迦叶前难云“如来、佛性、涅槃是有”，以由权教；如来、涅槃是所克之果，缘了佛性是能克之因，因果不亡，故名为有。良由世人多引《涅槃经》中，瓦石非性之权文为难，故荆溪广引经中权实之文，以杜绝后代执无情无性之余论也。

吾子野客想应不见《涅槃经》中权实之文，空效世人瓦石之妨，正当以权教缘了，难实教正因，故云“缘了难正，殊不相应”。若知实教正因体遍名进，权教缘了不遍名否，则不以权难实也。只由荆溪与野客所辩佛性之因，故斥云“此即子不知佛性之进否也”。

况复以空譬正，缘了犹局，如迦叶所引三皆有者，此乃《涅槃》带权门说，故佛顺迦叶三皆是有。若顿教实说，本有三种，三理元遍，达性成修，修三亦遍。欲示众生本有正性，且云正遍犹如虚空；欲赴末代，以顺迦叶，岂非迦叶知机设疑？故佛覆实述权缘了！此子不知教之权实。

此佛性之进否，由教之有权实。前已明佛性进否，故今以教权实次之，即带权说实也。若一向权实，则三因俱局俱遍，今言一遍不二遍者，正是带权说实之义。故先云：“佛性如虚空。”正譬实教正因体遍。次云“为非佛性，是墙壁瓦砾”，即是权教缘了不遍，局在有情。权未即实，故名犹局，岂特缘了佛性之因是权，如来涅槃亦皆是权？

故继之云“如迦叶所引三皆是有者，此乃《涅槃经》中带权门说”，即迦叶问三在权；故佛顺迦叶答三，三皆是有，有修有证，局在有情，此乃如来说三在权。若顿教实说，众生心中本有正因佛种、本有了因佛种、本有缘因佛种。此之三因能生果上之三德，故名为种。以无始来唯有烦恼、业、苦而已。即此全是理性三因，故三佛种即是三理，此三理性元遍一切。性三既遍，达性成修，修三亦遍。是知三因之体，本来周遍，由了因未曾发心，缘因未曾加行，故性缘了，同名正因。

佛示众生本有正因佛性，且云正因犹如虚空。于此实教正因之后，又说权教缘了，欲赴末代权机，以顺迦叶之权问，岂非迦叶知机在权，故设疑问？疑其佛性喻于虚空，佛性是有，虚空应当亦是有耶？既不晓实教正因虚空之喻，故以覆于实教正因虚空之喻，述于权教缘了之性。子以缘了难正，即是以权难实也，此即子不知教之权实也。

故《涅槃》中佛性之言，不唯一种。如《迦叶品》

下文云："言佛性者，所谓十力、无畏、不共、大悲、三念、三十二相、八十种好。"子何不引此文，令一切众生亦无？何独瓦石？若云此是果德，众生有此果性者，果性身土何不沾于瓦石等耶？

又若许因有果性者，世何但云十方诸佛，同一法身、力、无畏等，而不云生佛亦同法身、力、无畏等，使一尘一心，无非三身三德之性种也？若言但有果地法身性者，何故经云十力、无畏，乃至相好？

又复经中阐提等人四句辩性，子云众生有性，为何众生？有何等性？瓦石为复无四句耶？又第六、第九及三十二，皆以杂血五味，用对凡夫三乘及佛，何故佛性在人差降不同？又二十七云："若修八正，即见佛性。"《婆沙》《俱舍》悉有八正，乃至诸经咸有道品，为修何八正？见何佛性？故子不知佛性进否。

此乃通引《涅槃》一经之中，佛性之义，斥其不知佛性之进否。故《涅槃经》中佛性之言，不但有缘了不遍瓦砾一种而已。言佛性处，凡有多种，如《迦叶品》之下文，即下第六、第九、第二十九、第三十二卷等文，并有佛性之义。且《迦叶品》下文云言："佛性者，所谓十力是佛性，无畏是佛性，十八不共法、大悲、三念、三十二相、八十种好，亦是佛性。"虽是佛性，并是果上所显之德。有情众生既无三十二相等，何不引此文，言一切众生亦无佛性，何独于瓦石非性之文，执无情无性耶？十力等并如法界次第。此乃第一番，反难野客有情无佛性也。

以由野客但执有情有佛性故，若云三十二相等乃果上所显之德，因中有情众生有此果性者，果上身土互融，因性本具，则因佛性遍身遍土，何故执其佛性不沾于墙壁瓦石等耶？此乃第二，难正显有情有佛性也。

及若许众生之因有果人性者，世人所弘《华严经》中，何故但云十方诸佛同一法身、力、无畏等，而不云众生之因与诸佛之果，亦同法身、力、无畏等？果上三身依正互具，众生心因有此果性，则使众生依报中一尘无情之色，正报中一念有情之心，无非三德三身之性种，岂可云无情无佛性耶？此是第三，难其不晓佛说果德之意。佛说果上依正融通，意在众生因中本具。

所谓谈法界者，未穷斯妙，致使惑果事而迷因理，即此类也。又复若云，众生但有果上法身性，而无报、应二身性者，何故经云十力、无畏，乃至三十二相、八十种好？十力、无畏岂非报身？三十二相岂非应身？既是三身，皆言佛性。佛是果人，则一切众生皆有果人之性，即是具足三身佛性，法身、报、应未尝离于法身，岂可无报、应二身之义耶？此是第四，难其三身佛性，体本相即。

又复《大经》三十二卷中，阐提、善人四句辩性。或有佛性，阐提人有，善根人无，此辩修恶性。或有佛性，善根人有，阐提人无，此辩修善性。或有佛性，二人俱有，此辩性德性，即性善、性恶二人俱有。或有佛性，二人俱无，此辩不退性，未入似位，故二人俱无也。子但执云，有情众生方有佛性，为是何等众生？为阐提众生耶？为善根众生耶？此乃难其不知人有善恶。

言有性者，为是何等性？修善性耶？修恶性耶？性德性耶？此乃难其不知性有善恶修性之义。阐提起于修恶，则诸法皆恶，无一法在于修恶外，则瓦石之法亦有修恶之性。善根之人起于修善，则诸法皆善，无有一法在于修善外，则瓦石诸法亦有此修善之性。阐提、善人俱有性德性，则诸法皆性，无有一法在于性德外，则瓦石诸法亦有性德性。二人俱无不退性，则瓦石亦无不退性。

如是则瓦石亦可以此四句而辩于性，瓦石为复无四句耶？正彰其有。此乃难其不知瓦石可辩四句。圆诠诸法，色心不二，有情之心既有四句，无情之色亦有四句。若然，则有情无情皆有佛性也。文中虽未明言三千之相，而三千之旨在其中矣。此第五番，难其不知四句辩性之旨。

如云果性身土，沾于瓦石；又云一尘一心，无非三身三德之种性；复云四句辩性，遍于瓦石，莫非性遍，故名为进。又第六卷明藏教佛性，第九卷明别教佛性，及三十二卷明通教佛性。此《止观》以三教判三处经文。并以杂血五味，用对凡夫、声闻、缘觉，及对于佛，何故三教佛性在人，差降不同？三教既其各异，佛性亦应有殊。此是权教佛性，不遍无情，名之为否。

又二十七卷：若修八正道，即见佛性。修圆八正道，此是能观，观也即见佛性所显之理也。此之佛性，遍于诸法，名之为进。若三藏《婆沙论》与《俱舍论》，悉有八正，见于佛性，不遍诸法，名之为否；乃至诸经若权若实，咸有八正道，见于佛性，遍一切处，名之为进。

为修权教八正，见于佛性，不遍诸法，名之为否耶？为修何八正？见何佛性？既不能明此等权实教中所谈佛性有进、有否，所以将权缘了，难实正因，故曰此子不知佛性之进否也。已上通约《涅槃经》中，所明佛性之义，斥其不知佛性通否也如此。

客曰：何故权教不说缘了二因遍耶？余曰：众生无始计我、我所，从所计示，未应说遍。《涅槃经》中带权说实，故得以空譬正，未譬缘了。若教一向权，则三因俱局；如别初心，闻正亦局，藏性、理性一切俱然。所以博地闻无情无，依迷示迷，云能造是；附权立性，云所造非。

又复一代已多显顿，如《华严》中依正不二，普贤、普眼、三无差别；《大集》染净一切融通；《净名》不思议毛孔含纳；《思益》网明无非法界；《般若》诸法混同无二；《法华》本末实相皆如；《涅槃》唯防像末谬执，分正、缘、了，别指方隅。若执实迷权，尚失于实；执权迷实，则权实俱迷。验子尚味小乘由心，故暗大教心外无境。

客曰：《涅槃》岂唯兼带说耶？余曰：约部通云，一切兼带。部中品内或实或权，如申迦叶难，别为末代一机而已，则权实并明。若一向权，如恒河中七种众生；若一向实，如三点、二鸟、三慈、十德等。他皆准知，不可具述。如云色常，色言岂不收于一切依正？何故制空令局限耶？此世人不知教之权实。

此通引一代权实之文，斥其不知教之权实。因前文云“以空譬正，缘了犹局”，故今野客问云，何故权教不说二因佛性遍无情耶？余曰：盖由众生无始以来，计于假名之我，及以五阴实法之我所。由于此假名五阴，而生计执，迷于佛性，故从其所计阴心，点示缘了佛性，未应说遍无情。此乃《涅槃经》中，带权缘了，说实正因，故得以空譬实教正因，未譬权教缘了，即带权说实之文。所以权教只说缘了，实教只说正因也。

若教一向在权，则说三因俱局，岂但缘了而已？

如别教初心之人闻正亦局，岂但三因局在有情？至如名藏性、名理性、法界、实际，亦并约有情，故曰一切俱然。所以博地凡夫，定于无情无佛性，依迷示迷者，就他所迷点示，云能造心中，具有佛性；附权教立性，云所造色，而非佛性。此是《涅槃》带权之义，正意在于圆顿之实。

此之圆顿，不止《涅槃》，一代之中已多显圆体遍之旨。中间虽有权小，正意在顿。故举诸经云：如《华严经》中，依中现正，正中现依；普贤行愿无边际；普眼广大境界身，以一刹种入一切，一切入一亦复然；心佛众生三无差别等，此岂非圆顿佛性之义耶？《大集经》中，十界染净，一切融通，此岂非圆顿佛性之义？《净名经》中《不思议品》，须弥纳芥子，芥子纳须弥，毛孔含纳，此岂非圆顿佛性之义？《思益经》中，珠网光明，光光相摄，一摄一切，一切摄一，诸法互融，无非法界，此岂非圆顿佛性之义？《般若经》中，一切诸法混同无二，此岂非圆顿佛性之义？《法华经》中，诸法实相、本末皆如此，岂非圆顿佛性之义？

如上诸大乘经已被现在机缘，圆顿佛性之义。唯《涅槃经》中，为防如来灭后，于像法、末法之中，有谬执权实之机，须明示权实之方隅，使其不昧。故于三因之中，分正因性，别指于实；分缘了性，别指属权，故云分正缘了。苟权实不明，则权实互执，若执实教之正因，迷于权教之缘了，不能了权即实，尚失于实，何况于权而不失乎？若执权教缘了，迷于实教正因，则权实俱亡矣。

野客于《涅槃》顿教之中，尚迷权实之义。验子亦迷小乘诸法由心之义，则六道依正诸法，由心所造，感果不虚，尚昧此意，何况圆实大教，万法唯心，心外无境，而能了达耶？若有一法从心外生，则不名唯心即佛性，则万法无非佛性，何间无情？此野客不知四权教实，故特以三藏极小，而斥之贬之极也。

野客由前文云《涅槃经》中，带权说实，故得以空譬正，缘了犹局。故今问云《涅槃经》中，合应权则三因俱权，实则三因俱实，岂唯带权缘了，说实正因？故曰：《涅槃》岂唯兼带说耶？余曰盖有由也。若曰通论，部谈四教，兼带偏权，而说圆实，故云：约部通云，一切兼带。若逐品各说部中品内，或实或权，权实非一，有权实兼带说者，有一向权实者。若兼带说者，如《迦叶品》中，由答迦叶之难，初则难实，如云“众生佛性，云何名为犹如虚空”；次则难权，如云“如来、佛性、涅槃是有，虚空应当亦是有耶”。此则别为末代一机而说，宜于实教，但说正因；宜于权教，但说缘了，此则权实兼带而说也。

若一向权，如恒河中七种众生者，约鱼为喻也。鱼等唯四，开对有七，以喻从人，云七种耳。谓常没及暂出，常没如大鱼，以喻阐提及凡夫有小善根者；出已则住，如坻弥鱼，喻四念处并暖法人；出已观方，观方已行，行已复住，如鲭鱼，喻顶法及须陀洹、斯陀含、阿那含；到彼岸如神龟，水陆俱行，喻阿罗汉并支佛。经意以通教涅槃喻之若河，而以别破之，云此七人皆不能修身戒心慧，故知是权也。

若一向实，如《哀叹品》中，伊字三点，以喻圆融三德。如《鸟喻品》中，明二鸟双游，以喻圆融二用。如《梵行品》，明圆教众生、法、无缘之三慈。如《德王品》中，明圆教十种三谛之功德。以上诸品实义甚多，故名为等。其他品内所明实义，准此可知，不可具述。此乃通指实教三因之外，又复别指陈。

如品中因灭是色，获得常色之言，岂不收于一切依正之色？此乃常住佛性之体。是则佛性之体遍于有情无情，犹如虚空遍一切处，何故局定佛性于有情身内？何故节制虚空令局限耶？若以权缘了，难实正因，此世人不知教之权实。此约一代，以斥野客不知教之权实者若此。盖荆溪深得一代权实之旨，故能斥于野客不知佛性之进否也。

如二乘人处处闻大，尚至《法华》，方信已性。悔来

至此，财非己有，此岂非子不知父性耶？闻开权已，方云口生、化生有分。故《涅槃》中，犹恐未来一分有情，不信己身有如来性，及谓阐提未来永断，示令知有及以不断，岂部内诸文全无顿耶？

此以佛世现在之机，况出未来之机，明于《涅槃》带权说实之意。如二乘人，在华严中，以大拟之，不信于大；于方等中，以大弹斥，犹执小果；般若转教付财，二乘自谓：自是菩萨法门，非己所有；至法华，闻三周开显，五佛会同，方信己身有如来性，故引经证。悔来至此者，乃《信解品》文，此约小机于《华严》不受大化，故曰悔来。如云：穷子见父，有大力势，即怀恐怖，悔来至此。

财非己有者，如领付科中云：领知众物金银、珍宝等，而无希取一餐之意。方云口生、化生者，如《譬喻品》云：今日乃知真是佛子，从佛口生，从法化生，得佛法分。现在之机，尚至《法华》，方信有性，何况佛灭度后，未来一类障重根钝众生，必能使之自信己身有佛性耶？

故《涅槃》犹恐未来一分有情，不信己身有如来性；非但不信自己身中有佛性，及谓阐提众生以极恶，故于未来世永无佛性。为此机故，故于有情心中点示佛性，令其知有，迦叶知机设疑，正是知此。未来不信有情有性，故如来附于权教，而说佛性局在有情，乃曰非佛性者，谓墙壁瓦砾，则显有情有佛性，带权之意在此。

《涅槃》部内，旁则带于权门，正则在于圆顿。况复一代之中已多显顿，所以部内众生佛性，犹如虚空之文，及三点、二鸟等文，此等并是部内之顿，故云：岂部内之文全无顿耶？如是则《法华》本迹，显于圆顿，被未来机。以此二经，同醍醐故。

2　金刚錍释文卷中

荆溪尊者湛然撰　后学玄箸海眼会

天台沙门时举释　后学新伊大真校

今搜求现未，建立圆融，不弊性无，但困理缠，故于性中点示体遍，傍遮偏指清净真如。尚失小真，佛性安在？他不见之，空论无情性之有无，不晓一家立义大旨。故达唯心，了体具者，焉有异同？

若不立唯心，一切大教全为无用；若不许心具，圆顿之理乃成徒施。信唯心具，复疑有无，则疑己心之有无也。故知一尘一心，即一切生佛之心性，何独自心之有无耶？以共造故，以共变故，同化境故，同化事故。

今家依《法华》《涅槃》二经，建立圆融佛性，周遍唯心体具之旨，而复示于立宗实意，使归乎一实。以《法华》正为现世机缘，开权显实，明常住之义；《涅槃》为未来机缘，谈常住佛性，二经相对而分。故《摩诃止观》依此二经，建立圆融之行。故《义例》云："散引诸文，该乎一代，文体正意，唯归二经。”

今荆溪亦效《止观》，建立圆融佛性之旨，不同野客无情无佛性之弊，故云不弊性无。困者，病也。但病而不解佛性之理，于此实理壅而不通正见，唯局佛性于有情，不遍无情故。今于众生烦恼妄染心体，示其本有正因佛性，非内外，遍虚空，能解是义，任运不隔于无情，则成无情有于佛性矣！故云故于性中点示体遍，正是众生正因体遍也。

傍遮偏指清净真如者，傍者对正为言。今之所以点示体遍者，正为显圆妄染即佛性义在此，而不在彼也。盖他宗偏指众生有清净性，但局有情，不遍无情，由失于唯心体具之旨，故今建立圆融，遮防其谬执也。

偏指之言，含于二义：一者，惑果事而迷因理，谓众生因中但有其性，而无其事，不知果地依正融通，盖由众生理本具足也。二者，佛性融通，岂间无情，而云有情有性，无情无性耶？不但其解如此，及其立行，亦直观清净真如为境。若其然者，小乘偏真，亦灭苦集而复证真。苟直观真如，岂但昧于大教心境？尚乃失于小真，佛性安在哉？此以圆教，对偏中三藏小乘而说。他不见之者，正指其不见佛性圆具，融即心佛众生三无差别之旨。空论夫果事方融，无情则有；因理既隔，无情则无。若知果体遍由生性遍，及一家立乎大旨在于唯心体具者，则不致于空论矣。故达唯心，了体具者，止之有无也。点出不分情、无情之圆旨，唯心体具，即遍具二义。

若了万法唯心，心外无境，则知此心遍一切法，不间情、无情异。此之唯心，既遍一切，即体量也。若知此体具一切法，岂分情、无情异？此具字即体德也。故下文云，示遍是（量，示具是示体。）德。若达此二，则法法皆唯，法法皆具，有何彼此同异之分耶？若信唯心体具，复疑有无，是于自心疑有无耳，则心佛众生三无差别之旨全然不晓，故结云：故知止同化事故。

若知心佛众生三无差别，则无情至微之一尘，众生介尔之一心，即一切生佛之依正。汝既疑己心之有无，岂非疑一切生佛之有无耶？何独疑于自心哉？抑又何但因理不融不遍矣！

以由造则三法共造，以体元妙故，此是理造；变则三法全体共变，此是事变所化之境。约机而言，能化之事；约应而言，以由十界本同，故皆云同。所谓能应虽多，不出十界；物机无量，不出三千。如是则机应事理，同一佛性，佛性周遍圆具，摄情无情，义无不明，岂复疑于有无耶？

故世不知教之权实，以子不思佛性之名从何教立，无情之称局在何文。已如前说。余患世迷，恒思点示，

是故寱言无情有性。何谓点示？一者，示迷元从性变；二者，示性令其改迷。是故且云无情有性。若分大小，则随缘不变之说，出自大教；木石无心之语，生于小宗。子欲执小道而抗大逵者，其犹螳螂乎？何殊井蛙乎？

前来既以圆实大教，唯心体具，示其佛性周遍已毕。今须欲明点示之意，故重结责。由世人不知教有权实，故执权教缘了，不遍无情，以子不思正因体遍，佛性之名从何教立，无情之称局在何文。前文若云无情，即不应云有性，属前三教；若云有性，即不合云无情，局在圆教。又云“众生佛性，犹如虚空”。又云“为非佛性，说为佛性。非佛性者，谓墙壁瓦砾”。已如前说。

如上说者，余患世人迷此佛性之旨，所以常思点示，不觉寱云：无情有性。点示有二,一者，示迷元从性变，即从真起妄之义；二者，示性令其改迷，即返妄归真之义，故且云无情有性。然法法平等，本来清净，何分有无？但迷者不觉，流而忘返，故兹点示耳。若以教分大小，此约偏圆分大小已。

如前说不变是理，随缘是事；事即是理，理即是事。如此则随缘时，谁情无情？若然，则不当别立无情之名。若在小宗，则容有木石无心之语，随缘该别，非今所论，亦属小宗也。子欲执小道而抗大逵等者，他宗执墙壁非佛性之小道，抗大教佛性之大逵。其犹螳螂拒辙、井蛙轻海，语出《庄子》，更不繁引。

故子应知万法是真如，由不变故；真如是万法，由随缘故。子信无情无佛性者，岂非万法无真如耶？故万法之称，宁隔于纤尘？真如之体，何专于彼我？是则无有无波之水，未有不湿之波，在湿讵间于混澄，为波自分于清浊，虽有清有浊，而一性无殊。纵造正造依，依理终无异辙。若许随缘不变，复云无情有无，岂非自语相违耶？故知果地依正融通，并依众生理本故也。此乃事理相对以说。若唯从理，只可云水本无波，必不得云波中无水。如迷东为西，只可云东处无西，终不得云西处无东。若唯从迷说，则波无水名，西失东称。情性合譬，思之可知，无情有无，例之可见。

此文乃用彼所立，而斥于彼也。良由《起信论》于一心门中，开真如、生灭二门。藏师于《藏疏》中，却以真如门，明不变随缘二义。彼虽立随缘之义，但以一理随缘，而性具随缘，非彼所知。四明所以立别理随缘，而格量之也，故今以彼所立斥之。

万乃诸法之总称。子乃指万法是真如，由于不变，岂非真如随缘为万法时？当体不变，故万法是真如也。真如从理立称，既指真如是万法，由于随缘，岂非万法不变处是真如？全体随缘，故真如是万法也。子既知此矣，复不信无情有佛性者，岂非万法无真如耶？

万法之称等者，以一家圆教真如随缘之义破之。既全真如为万法，万法岂隔纤尘？又真如之体本来平等，何局我之有情，隔彼之无情？既不专于彼我，岂有情有无情无耶？

次以波水喻之，波喻万法，水湿喻真如，湿无混澄喻性不变，波分清浊以喻依正。波虽有清浊之殊，而湿性无殊；虽有依正之别，而佛性无异辙。依理之“依”字者，依乃据也。若许下，以其所立，而结责之。谓《藏疏》既明真如随缘，是则随缘为万法处，当体不变。万法既该依正，依正无非佛性，复云无情有无者，岂非自语相违耶？

故知果地依正融通者，果事也；并依众生理本者，因理也。果事之所以融通自在者，其由在于众生性体元遍故也。若不由众生理本，却成本无今有，是无常法也。他不达佛现互融之由，由在于此，故惑果事而迷因理，执无情无佛性之疑。要知凡圣因果依正，自他体同性遍，无非众生因心本具者也。心佛众生三无差别，斯言有在。此乃等者，总结上文，随缘不变，波水互论，不出一往约事理相对论之云也。

若惟从理下，全约喻显，不顺迷情。直约理说，只可云理本无事。何者？法法即性，何适而非理也。世间相常住，斯之谓欤，必不当云事中无理。东西亦然。本是东也，迷之谓西，今直从东说，只可云东处无西。迷而为西，西元是东，终不当云西处无东也。若惟迷说，则情迷于理，唯迷而已，所谓波无水名，西失东称者，但见情无情有差别，则不复见于佛性矣。

情性合辩四句如前。若从理说，水喻理，波喻事，但可云佛性无迷情之事，必不得云迷情无佛性之理。东西亦然。从迷而论，但见有迷情之事，不复见佛性之理，如波无水名，西失东称。此约情性合譬，于从理从迷之说。无情有无例之者，若从理论，谁情无情；从迷而说，情无情隔，无情无佛性矣。

于是野客恭退，吴跪而咨曰：波水之譬，其理实然。仆曾闻人引《大智度论》云：真如在无情中，但名法性；在有情内，方名佛性。仁何故立佛性之名？余曰：亲曾委读细捡论文都无此说，或恐谬引章疏之言，世共传之，泛为通之，此乃迷名而不知义。法名不觉，佛名为觉，众生虽本有不觉之理，而未曾有觉不觉智。故且分之，令觉不觉。岂觉不觉，不觉犹不觉耶？反谓所觉离能觉耶？客曰：若尔至佛方会，凡离何乖？余曰：子为学佛？为学凡耶？理本无殊，凡谓之离，故示众生令觉不觉，故觉不觉自会一如，故知觉无不觉，不名佛性；不觉无觉，法性不成。觉无不觉，佛性宁立？是则无佛性之法性，容在小宗；即法性之佛性，方曰大教。

已上约波水之喻，合于真如随缘。野客闻此，不复如前粗犷，而不退伏，于是退跪而谘曰：其理实然，不敢疑而不信矣。虽然其所宗真如分为两派，不能无碍，此正据贤首清凉妄引《大论》，在有情名佛性，在无情名法性。仁何于无情名佛性耶？泛为通之，此乃迷佛性、法性之名，而不知佛性、法性之义，故今泛通《大经》。佛名为觉，法名不觉之旨，而复会乎佛性、法性、真如等名，并是圆诠，名异体一也。可谓其迷名不知义欤？

法名不觉，即本觉之理；佛名为觉，即始觉之智。智为能觉，理为所觉，而此本觉，谁人不具？何法不然？但由迷情流转，无真不俗，失于圆闻，一向不觉，条然相乖。由佛说故，此性可修，佛若不说，众生不知，故一往分之，令其以能觉之智，觉所觉之理。既能觉所觉，能所相即，修性一如，岂已觉其不觉，犹守迷而不觉也？抑谓所觉与能觉离耶？苟为不离，不觉即觉，觉即不觉，佛性法性不可隔异也。

客曰：下野客意谓，若尔则佛翻为觉，能觉不觉，至佛方会；今众生在凡，不觉离觉，复何所乖？余曰：下以理折之。子号弘通大乘，今起是见者，为学佛耶？为学凡耶？若学于凡，则谓之离；若学于佛，则佛之知见，开众生之本有初心，则能用佛眼智，称本觉理，照一切法，同一觉体，生佛无差，依正融泯。如此则理本无殊，凡谓之离尔。故示众生下，复疏前来，令觉不觉句，只由众生妄，谓觉离不觉，故令其以能觉之智，觉其所觉之理。既全所觉为能觉，故觉不觉自会一如矣。若非全不觉为觉，全本为始，全性成修，则何足以名佛性者哉？故曰：故知觉无不觉，不名佛性。此句结上觉无不觉，即佛性义。

不觉无觉下四句，明佛性法性二义互即，方是大教所诠之佛性法性也。克体言之，名义偏强，法是所觉，佛是能觉。然则全修在性，全始为本，境外无智，方名法性，故曰不觉无觉，法性不成；全性成修，全本为始，智外无境，方名佛性，故曰觉无不觉，佛性宁立也。

结云：是则无佛性之法性，容在小宗，即三藏四含容有是义。真谛法性，灭苦集而后会真也。今立无情有于佛性者，盖本大教所诠，全不觉为觉，即法性为佛性也，故曰即法性之佛性，方曰大教。如是则法性佛性，名异体一，苟能了此觉不觉义，则其谬托《大论》，以行其两派之说，不攻而自坏矣。

故今问子，诸经论中，法界、实际、实相、真性等，为同法性，在无情中？为同真如，分为两派？若同真如，诸教不见无情法界及实际等；若在无情，但名法性非佛性者，何故？《华严·须弥山顶偈赞品》云：“了知一切法，自性无所有，若能如是解，则见卢舍那。”岂

非诸法本有舍那之性耶？又云："法性本空寂，无取亦无见，性空即是佛，不可得思量。"又精进慧云："法性本清净，如空无有相，此亦无所修，能见大牟尼。"岂于无性，又云无修能见牟尼？又真实慧云："一切法无相，是则真佛体。"既真佛体在一切法，请子思之，当免迷教，及迷佛性之进否也。

佛性、法性，名异体同，无可疑者。然经中圆诠之名，所出非一法界、实际等名，今欲引而征之，使归乎一揆。汝执法性在无情中，且法界等名，还与法性同耶？异耶？若曰法界等与真如同，分为两派，偏情无情，而诸教中不见有无情法界、实际等，纵汝所执无情，但有法性，无有觉悟，不得云佛性者。

汝之所弘乃自《华严》，《华严》何尝言法性局在无情？故引旧经四偈云。初偈，一切之言，遍收依正色心，以本性空故，故无所有，能如是解，即见舍那。岂非诸法本有舍那之性？何故执无情但有法性，名为不觉，不名佛性耶？第二偈云，法性本空寂，即毕竟空，离四性故，不可以四句取，即是性空；离四句外，不可以四句见，即是相空。如此法性本自二空，故即是佛。如此则岂非诸法本有觉佛之性，名法性耶？此与前偈结，皆报身性，故不再结。

三、精进慧云：法性本清净，谓法性之体，本来清净，犹如虚空，离一切相。既本无相，更何所修？见牟尼即应身也。汝执法性，名为不觉，专在无情与佛性异者，何故今于法性本净，无相无修，能见牟尼耶？

四、真实慧云：无相即法身，离染碍之相，故云无相真佛体，即法身也。法身遍处，二身常在，三一融即，未始暂离，若见法身，岂容乖二？前之二身，亦复如是，文从别说耳。

既了真佛之体在一切法，不当分情无情，佛性法性之异也。请子思之，仍以迷教进否而责之。由野客迷无情，专名法性，不当立佛性之名，故今从实，以法性即佛性而申之，即前来《大经》说，实教佛性之进也。若不许于无情上立佛性之名者，此乃前来带权而说佛性之否也。意质野客，必信无情有佛性矣！

故真如随缘，即佛性随缘，佛之一字，即法佛也，故法佛与真如体一名异。故《佛性论》第一云："佛性者，即人法二空所显真如。"当知真如即佛性异名。《华严》又云："众生非众生，二俱无真实，如是诸法性，实义俱非有。"言众生非众生，岂非情与无情？二俱随缘，并皆不变，故俱非有。所以法界、实际一切皆然。故知法性之名，不专无情中之真如也。以由世人共迷法相，名异体一故也。

既示法性即是佛性，则了佛性不专有情也。不但法性即是佛性，而随缘之真如，亦即佛性异名，为破彼计真如随缘，遍情非情，有佛性法性之异，今通会之，故云真如随缘，即佛性随缘，佛之一字，即法佛也。法即法身，以法身是理，会真如名，便符上立宗正因体遍之义故也。

他宗但知法身遍，不知真如随缘，即是法身体遍；法身体遍，即佛性体遍。故记主以法佛之性，会真如名，令成一辙也。《佛性论》文，凡四卷，天亲所造。言“佛性，即人法二空所显真如”，故今引会名异体同。人法二空，即能显之观智也；真如佛性，所显之理体也。故结会云：当知真如即佛性异名也。

次引《华严》，法性随缘，会真如而显体同。众生非众生，即情与无情，二俱随缘；虽俱随缘，当处不变；若了不变，则随缘之相自泯，故曰并皆不变，故俱非有。所以下通例前来所列法界等名，并与真如名异体同，悉有随缘不变等义，皆不隔情与无情。是知法性之名，不专于无情中之真如，此世人迷于法相体一名异，故割真如为两派，使佛性法性之硕乖矣。

然虽体同，不无小别。凡有性名者，多在凡在理，如云佛性、理性、真性、藏性、实性等；无性名者，多通凡圣、因果、事理，如云法界及实相等。如三昧、陀罗尼、波罗蜜等，则唯在于果。所以因名佛性等者，众

生实未成佛、得理、证真、开藏，以烦恼生死是佛等性，示令修习，名佛等性。而诸教之中，诸名互立。

上示诸经论中，凡明所诠法界等名，并是名异体同。然于同中，不无少别，以由诸名，有性名、无性名。如佛性五名，多在凡在理。多之为言，乃从偏强而说。多必对少，亦有通义，若法界等。无性名者，多通于凡圣、因果、事理。盖陀罗尼，即果人所得总持秘要之法；波罗蜜，即果人所至究竟涅槃彼岸也。如三昧等名，惟局在果。

后别示因名佛性等，由众生实未成佛、得理、证真、开藏，以其烦恼生死是修恶，故从无始来全性而起，故今指此修恶。性是性恶，示令称性修习，故名佛性理性等。诸教诸名互立者，如前有性、无性、果德之名，在诸教中，诸名互立，亦不一向也。

《涅槃经》中多云佛性者，佛是果人，言一切众生皆有果人之性，故偏言之。世人迷故，而不从果，云众生有，故失体遍。又云遍者，以由烦恼心性体遍，云佛性遍。故知不识佛性遍者，良由不知烦恼性遍故。唯心之言，岂唯真心？子尚不知烦恼心遍，安能了知生死色遍？色何以遍？色即心故。

然大总相法门之体，本无高下，而《涅槃经》中，偏于性字之上加一佛字者，由众生背觉合尘，是以特唱此名，寄果立因，言一切众生皆有果人之性，无二无别。欲其改迷向悟，从因至果，同佛受用，故偏言之。此果上依正融通，并由众生理本具足。世人迷此而不从果上依正融通之义，但云有情众生有佛性，无情无佛性。若知果上依正融通，因心本具，岂分情无情之别，而失体遍之旨耶？

又云遍者下，约经遍义，以斥其疑。所以遍者，良由众生烦恼心性体遍，云佛性遍，故上云众生佛性犹如虚空。由无始以来全性起修，名为烦恼之俦，即生时此种纯变为修者也。

是故今来指修即性，一切众生有此性故，此是如来种性元遍，名佛性遍也。故知不识佛性遍者，良由偏指清净真如，不知烦恼性遍，即佛性遍也。所谓唯心者，正唯烦恼心也。非但不识佛性体遍，亦失惟心之义，故使用观亦直观真心。

子尚不知烦恼心遍，安知生死色遍？由色即心，故依正一如，同居一念，所以众生正因体遍也。四明得之，则曰若信诸色即心，则成无情有于佛性义也。生死色者，即分段变易之色，故云生死。若约十界，则属九界之色，由无明未尽，故曰生死。故吾祖云：寂五住，灭二死也。

何者？依报共造，正报别造。岂信共遍，不信别遍耶？能造所造既是唯心，心体不可局方所故。所以十方

佛土皆有众生理性心种，以性喻空，具如《涅槃》一十复次。故知不晓大小教门名体同异，此是学释教者之大患也。故身子云：我等同入法性，及亦得解脱等。

至此征起，以释上文，色遍融于即心之义。色何以遍？良由依之与正，并是随缘变造之事。如山河国土，依报也；五阴色质，正报也。同业所感，砂砾荆棘，共造也；异业所感，巨细殊形，别造也。造虽共别，既同出一源，二则俱二，一则俱一。此二相即心遍，故色亦遍，岂信共遍，不信别遍者？非斥野客之辞意。

谓有情别造之正报，无情共造之依报，并是全体随缘变造，而有于随缘中造，分能所、心色异耳。今明色遍，正论平等法体，色心不二，显妙境遍。若信随缘之色，体性元遍，岂有不信随缘之心体者耶？此述者之意。此依之与正，虽随缘边造，分能所，既皆惟心，心体遍故，横亘竖穷，讵可以方所局之，分有无耶？世人局遮那于阴质内，则有于方所矣。所以十方佛土皆有众生理性心种者，此也。

所谓理性心种者，本有三道，指修即性，即三佛性。由未曾发心加行，名理性也。种者，能生为义，烦恼之俦是如来种，即本有三种，三理元遍。是今心体，能生一切依正。故经云：众生佛性，非内非外，犹如虚空，无有罣碍。以性喻空，具如《涅槃》一十复次者，归元佛性，斥邪显正，亦所以寄斥世人及野客者也。

故知下，以名体同异，而结责之。大小教门，名同体异，名异体同，如法性、解脱等，大小名同，其体永异；如大教佛性、真如等，其名虽异，其体乃同。学释教者，苟不达此，是大患也。故引《法华》等，证我等同入法性，乃真谛法性，其名虽同，其义则异；解脱亦然。

子初不达余之义旨，故闻之惊骇。为子申已，理合释然。故知世人局我遮那，唯阴质内，而直云诸法是无情者，则有二种不如外道。外道尚云我大色小，我遍虚空；又外道犹计众尘所成，亦不直云无情而已。又有二种不如小乘。小乘尚云犹业力造，造遍三界；又小乘犹知诸法无常，亦不直云无情而已。又有二种不如共乘。共乘尚知造心幻化，幻遍三界；又知诸法体性即真。若次第乘，故非所拟。子闻是已，亦合薄知教法权实、佛性进否。

子初闻无情有性，惑耳惊心者，以不达余所立之义旨故也。今既为子，始自《大经》进否权实，终于名体同异，委曲而详申之已，合涣然冰释。世人局遮那佛性，于有情阴质内，直云诸法是无情者，不但迷于大教体遍之旨，如邪外偏小，亦皆不及矣。

如外道二种：一计神我之我，我大色小者，及我遍虚空，一切无非我者；又有计我身微尘所成者。虽所计不同，皆于无情等色，有我遍之义，不直云无情而已。又如小乘二种：一者，诠业力构造三界，业由于心，义当心造，即实有，俗也；又知法性无常，即真谛也。此以小乘二谛言之，亦不直云无情也。

如共乘，即通教二种：一者诠能造心，如幻如化，幻遍三界，何所不该？即幻有，俗也。又知诸法体性，当体即空，真谛也。此以共乘二谛而言，岂直云无情耶？若次第乘之别教，诠一真遍造诸法，心生理遍，故非所拟。又闻是已者，拟上多番往复开导，亦合薄知教法权实、佛性进否之义。此再击之，欲其开解耳。

客曰：仁善分别，实坏重疑，信一切法皆正因性。而云正中三因，种遍、修遍、果遍。又云：一尘一心，即一切生佛之心性。情犹未决。余曰：良由自昔不善遍揽因果、自他、依正，观于己心。心佛众生，亦由不阅诸教大旨，不晓佛说果德之意，不达佛现互融之由。余欲开导子之情怀，更以四十六问而问于子，子若能晓余之一问，则众滞自消，法界融通，释然大观，洞见法界，生佛依正，一念具足，一尘不亏。

自野客以《大经》无情非性执难以来，述者为判《涅槃》权实之文，佛性进否之义，兼示唯心唯色之旨，示烦恼性遍、修遍等义。节节复疏至此，方解瓦石无性是权，虚空体遍是实。故曰仁善分别，实坏重疑，偏权疑碎，理实然也。

虽解此意，解而未解，如上文有种遍、修遍、果遍；一尘一心即一切生佛之心性等。若不具以一家不思议境、圆具之旨，而广示之，终未能尽圆解之妙。故又以情犹未决为辞，而生起下文也。只一“具”字，弥显今宗，抗折百家，超过诸说。述者于观心中，明凡圣一如，色香泯净，乃至不逾下凡之一念者，由具故也。无情遍者，此也。

昔计佛性唯局有情，今蒙开示，知正因性遍情与无情，故云信一切法，皆正因性。犹疑缘了，性遍、修遍、果遍，此指前文“若顿教实说，本有三种，三理元遍，达性成修，修三亦遍”，虽不云果，既曰修遍，则必订果，果在其中矣。所以前云“十方佛土皆有众生理性心种”也。言三因种者，即性三也。修遍者，则修二亦各具三也。果遍者，即一佛成道，法界无非此佛之依正也。故云三千果成，咸称常乐。

前云正因遍，虽已粗晓，但云三因俱遍等，疑犹未决。余曰下，谓以由不达教观圆具之旨，故今以观言之。由自昔不善遍揽因果、自他、依正，观于己心，心佛众生三无差别之旨，是故昧于种遍等义。此由不善观心具之失也。

文云因果、自他、依正三双，通而言之，即一念三千之旨；别而言之，不善遍揽因果，观于己心，所以不解种遍、修遍、果遍，不善遍揽自他、依正，所以不解一尘一心，即一切生佛之心性也。以教言之，一代显顿诸教大旨，示众生本有性种，合依解立行，全性成修。既不闲此，所以不解种遍、修遍。说佛果德，意在因心本具。既不晓此，所以不解果遍。佛现融通，全由理本，故云佛说果上依正融通，并由众生理本。既不达此，所以不解一尘一心即生佛心性。虽有此四，不出教观二义：教则为下四十问张本，观则为下观心六问张本。是以更设四十六问而征之，于一一问，无不显三千圆具之旨，以见无情有佛性义。

于诸问中，若解一问，无滞不销，则了诸法皆是法界。法界圆融，故不见有一法之隔；法界虚通，故不见有一法之碍，岂非大觉？是以洞见法界，生佛依正，一色一心，无非法界。所以前云，一念具足，一尘不亏。一念具足，即唯心三千也；一尘不亏，即唯色三千也。色法不二，依正体一，文虽不明言三千,三千之旨在其中矣。

此四十六问，不无生起次第，佛性是所立之宗，故先征之；无情是所破之执，故居其次；已上情性既皆唯心，故次示心法；心法属自生，佛属他，故次心问生；

心生在因，佛法在果，故次生问佛；佛是正报，佛既属悟，依正兼明，故次问土；成道之别，心、佛、众生不出变造，十界诸法并属所随之缘，而能随者全是真如，故次之真如之问。

上之七义皆属法说，利根虽解，钝根未明，故更以譬问。前四十问，乃约教开解为问，对前不了教旨之失；后之六问，约依解立行为问，对前不观心具之失。若约总别言之，前四十五问是别，后之一问是总。如下文云“岂非晓最后问三无差别”文。

问：佛性之名，从因？从果？从因非佛，果不名性。问：佛性之名，常、无常耶？无常非性，常不应变。问：佛性之名，共耶？别耶？别不名性，共不可分。问：佛性之名，大、小教耶？小无性名，大无无情。问：佛性之名，有权实耶？对体辩异，其相何耶？

初问因果，当知佛唯在果，性多在因。因具果性，故名佛性，果上依正融通，并由众生因中本具，因果不二，佛性宁偏，何执情与无情、有性无性？故《大经》云：“是果非因，名为涅槃；是因非果，名为佛性。”一切众生即大涅槃，是约因从果；佛性名因，是约果从因。

二问常无常，佛性不变，应是他宗，执在无情偏名法性者，却见佛性是无常耶？

三问共别，佛性平等，一切众生同共有之，遍一切处，非内非外，大小内外其理一如，何得分情无情、有性无性耶？

四问大小，小教乃存无情之说，无佛性之名；大教唯有佛性之谈，无无情之说。今佛性既属大教所诠，岂复存无情无佛性之称耶？

五问权实者，此问因《涅槃经》中云：瓦石非性，故以权实为征。涅槃、瓦石非性之文，则有带权说实；故有缘了难正之文，实则正因体遍，权则缘了不遍。若一向实，如三点、二鸟等；若一向权，如恒河中七种众生等，如是则权实各有所归。

问：无情之名，大小教耶？大教大部有权实耶？问：无情无者，无情为色？为非色耶？为二俱耶？问：无情色等，佛见尔耶？为生见耶？为共见耶？问：无情败坏，故无性者，阴亦败坏，性亦然耶？问：无情是色，法界处色为亦无耶？为复有耶？

问大小教部者，前约佛性问大小；今约无情分大小，乃就经部中，用权实分大小耳。无情之名，局在小宗，亦遍大部。由大部中，有于权实。权有无情之名，实教不分情无情异。

二问非色即心，此以今家色心一体而诘之。子执无情无性，若云无情是色，无佛性；若云无情即心，与俱遍色心，色心相即，岂非佛性耶？

三问无情色等，即等于色非色异。为佛见耶？佛眼佛智，真空冥寂，不应有二。为生见耶？生既迷妄所见，故二子为顺迷？为顺悟耶？若生佛共见者，佛见既其不二，生见岂定异耶？

四问若以生灭色法有败坏故无佛性者，有情阴质亦有败坏，身内亦应尔耶？

五问以无情是色者，约根尘相对。十八界中，色声等虽属外五尘，于法界法尘中，少分转入意地，缘虑之色，为当有耶？无耶？若有佛性，内色既有，草木之色何无耶？若云此色无者，且此无色一分属心，心若无者，却见有情亦无耶？

问：唯心之言，子曾闻耶？唯只是心，异不名唯。问：唯心之言，凡圣心耶？若圣若凡，二俱有过。问：唯心名心，造无心耶？唯造心耶？二俱有过。问：唯心唯心，亦唯色耶？若不唯色，色非心耶？问：唯心所造，唯依与正，依正能所同耶？异耶？

初问一切唯心，文出《华严》，岂不闻乎？既曰唯心，则心外无法，只一心而已，谓情无情，苟曰有异，唯义不成。

二问唯心只是法界，依正一体，圣凡一致。若执凡心，圣在凡外；若执圣心，凡与圣隔。故曰若圣若凡，二俱有过。只缘他执众生，唯有清净真如，正是弃凡唯圣，即唯圣心之过。若如今家，了一念三千之旨，则无是过也。

三问造有能所，心为能造，色为所造。唯者无外之称，既曰唯心，即能造所造全色是心，心外无色，色心不二。今唯心之言，唯造于色，无心是色，为只造心，造心是心。若执一边，则色心隔异，非唯心也。

四问既名唯心，为复只是唯心？为亦唯色？色非心者，大教唯心，心色不二，色即是心，心即是色，一体不二，何得心外有色耶？

五问唯心所造，不出依正。正是能依，依是所依，若云同者，岂可佛性一无一有？若云异者，能造既唯一心，所造岂应有异？

问：众生量异，性随异耶？不尔非内，尔不名性。问：众生惑心，性遍不遍？神我四句，为同异耶？问：众生有性，唯应身性？亦法性耶？亦报性耶？问：众生本迷，迷佛悟耶？佛既悟已，悟生迷耶？问：众生一身几佛性耶？一佛身中几生性耶？

初问众生量异，谓众生形量巨细、长短异状。若佛性随异，异不名性。若佛性不随量异者，却不局众生身内，故曰不尔非内，尔不名性者。若谓佛性随众生量者，佛性是一，岂有变迁量异不同？

二问众生惑心等者，谓无明惑心之性，为遍不遍？

惑性若遍，佛性安得不遍无情？若云不遍，与外道四句，为同？为异？若谓是同，外道自云我大色小，我遍虚空。今云不遍，那得与同？若云异者，尚不及外，况圆顿教耶？

三问众生有性，佛性有三，今问他云众生有性，毕竟有何性耶？若云法身性者，法身体遍，法身遍在一切处，何隔无情？若云有报应性，三身相即，无暂离时，如妙乐云：法身遍处，二身常在。故云性具三不可遍一。义解云：此难众生有情性边，故自应身遍乎法报也。

四问众生本迷者，生佛迷悟。众生无始背觉合尘，浊成本有，迷成不觉；诸佛究竟背尘合觉，返本还源，迷名永失。是则生惟迷佛之悟，佛乃悟生之迷，迷悟虽殊，事理体一。佛既依正融通，生岂情无情异？

五问众生佛身者，三千妙性，圆融遍入，生佛互具，悟之成佛，迷之成生。一一生佛，即具一切生佛之性，岂可计于一生几佛，一佛几生耶？

问：佛国土身，为始本耶？始本同耶？为复异耶？问：佛土佛身，为一异耶？一无能所，异则同凡。问：佛土界分，生亦居耶？为各所居？佛无土耶？问：佛土所摄，为远近耶？何土与生，一异共别？问：佛佛土体，为同异耶？娑婆之处，为共别耶？

初问国土者，乃他宗所弘《华严》之经，现十身舍那之一也。由其执国土无情无性，故难云此国土身，为在果上始有？为因中本有？若果上始有者，乃本无今有，是无常法；若云众生身中本具国土身，即见有情有国土之色，何云国土无性乎？始本同者，因果不二，因果既其不二，果既依正融通，因亦不当分情无情之别。若言异者，非圆顿所诠。

二问佛依正者，如来所依之土、能依之身，为一？为异？一则无能依所正之别，异则同于凡夫身土差别。子为学佛？为学凡耶？

三问佛土界分等者，其意有三：佛土界分生亦居耶者，此问为是佛土许生同居耶？为各所居者，此问生佛还各有土，而自居耶？佛无土者，此问生所居土，为佛与居佛身无土耶？问虽有三，正显生佛共居。佛既依正相即，生岂不然？以佛验生，无情性显。

四问佛既三身，土必摄四。言远近者，若分别为言，方便在同居外，乃至寂光在实报外，故名为远。若即事而真，即此娑婆，或见方便，或见实报，岂离伽耶别求常寂？非寂光外别有娑婆。故知横竖只在一处，故名为近。一既摄四，何土与生，一异共别？一异约土，共别约人。土既非一非异，人谁共居别居？以佛互融，显生不二也。岂可若共若别，理固不可若一若异，佛性宁分？

五问佛佛土体者，前以生佛对论同异，今以佛自问。所谓若兼体同，一切皆四，则同实未尝同。又知横竖只在一处，则异实未尝异。如是则法界终日常同，终日常异，何同？何异？究竟而言，求其身土了不可得，何情无情之有耶？此通约四土，论同异也。第二别约释迦同居与诸土论同异，为别是释迦之土？为复即同诸佛之土？然土体既一，一必成同，同则无异，何得分情无情耶？

问：佛成道时，土亦成耶？成广狭耶？不成有过。问：佛成见性与生见处，为同异耶？离二不可。问：佛成土成，与彼彼成，彼彼不成，为一异耶？问：佛成三身，与彼彼果，及彼彼生，为一异耶？问：佛成身土，成何眼智，见自他境，初后如何？

初问佛成土成，凡佛成道，三惑究尽，四德圆明，法界之体，究竟极证，得法界之大用，依随正转，山河国土靡不成矣。所谓一成一切成，法界无非此佛之依正，尚可成否、广狭之问耶？若计不成，过莫大矣。

二问佛成见性者，佛成道时，佛眼所见，皆毗卢体；众生肉眼所见，自成差别。今是佛成道所见，有何情、无情异？然依正、色心之境虽同，而能见自有迷悟之异，同异二义，不可离也。

三问佛成土成，即依正也。彼彼十方诸佛果成，即理事一也。彼彼不成，即是众生有异。圆宗所诠，三无差别，岂应异耶？

四问生佛三身者，前第三问，通就身土，今别就三身为问。佛成三身，遍其依正，与彼十方果成三身，事理一也；与彼彼众生，理一事异也。既理是一，岂分情无情异？

五问身土既成，毕竟成何眼智？身既遮那，土既寂光，非四眼二智，森罗即佛眼种智，真空冥寂，岂复境有自他、初后之殊？既自他、初后不二，岂分情无情耶？

问：真如所造，互相摄耶？不相摄耶？二俱如何？问：真如之体，通于修性，修性身土等不等耶？问：真如随缘，变为无情，为永无耶？何当有耶？问：真如随缘，随已与真为同异耶？为永随耶？问：真如本有，为本无耶？与惑共住，同异如何？

初问真如所造，相摄、不相摄者，真如随缘造于万法，若互相摄，则依正不二；若不相摄，能随既一，所随岂异？二俱如何者，岂摄、不摄义两立耶？

二问真如通修性者，此问正同妙乐。修德四德为能依，性德四德为所依，能所并有。能依之身，依于所依之土，二义齐等，方是毗卢遮那身土之相。今所问意既是毗卢遮那身土之相，何云无情依报无性矣？

三问情无情并是真如全体，不变而变。变为有情，而有性；变为无情，则无性者，为永无耳。既从性变，那得永无？若也永无，那得将来佛果当成？依正融摄，果既融摄，因验不无。

四问真如随缘同异者，盖问能随之真如，为所随之真如，为同？为异？故云随已与真，为同异耶？为复永随不与真如同耶？谓异，则非圆顿大教所诠；谓同，则不当分情无情之别。

五问以真如有无为问，当知真如佛性本自有之，非适今也，故曰本有。若谓本无，则因不称果。若也共住，为同？为异？真妄同源，惑性体即，惟同非异，谁情无情？未发心前，无真不俗，唯异非同，固非所论耳。

问：波水同异，前后得失，真妄同异，法譬如何？问：病眼见华，华处空处，同异存没，法譬如何？问：镜像明体，本始同异，前后存没，法譬如何？问：帝网之譬，唯譬果耶？亦譬因耶？果无因耶？问：如意珠身，身有土耶？唯在果耶？通因如何？

初问波水之喻，在湿讵间于混澄？水同也；为波自分于清浊，波异也。前后得失者，若论波湿，同时未始前后。一往言之，全水为波为前，全波为水为后，水本无波得也，波无水名失也。合法言之，从真起妄名前，返妄归真名后，若从悟理名得，若从迷事名失。问意在于真本无妄，岂隔无情？

二问空本无华，由眼病故，华存空泯；眼病若除，空存华没。于空同处，见华成异，由眼病故；即华异处，见空元同，由眼病除故。是则空同空异，若并存没。合法言之，病喻妄情，空喻佛性，华喻依正。真如境上，依正元融，由无明妄情，于融成隔，但见差别，不见无差，如华存空没。妄情若除，隔即融泯，故所见处，差即无差，如空存华没，唯一佛性而已，何间无情？

三问镜像明体者，谓镜像之体、镜明之体本始同异者。镜明性十界本也，像生修十界始也。明体则同像，分妍丑、前后、存没者，本前始后，明存则像没，明没则像存。以法言之，若论佛性，不存依正，依正佛性宁存？

四问帝网之珠，帝网喻依正互融，举一全收，彼彼无碍。若唯譬果，成果异因；若亦譬因，因必摄果。故依正融通，岂唯果上身土耶？

五问如意珠身者，此珠状如芥粟，七宝琳琅，非内畜，非外入，称意丰俭，降雨穰穰。今以之喻随所应度，现十界身，譬如意珠王，随意雨宝，说法利生，故名如意珠身。身必有土，故云身有土耶。若谓如意珠身，唯在果者，却见此果无因；若通因者，请示其旨，故曰通因如何。若知果既身土不二，因何依正差别？

问：行者观心，心即境耶？能所得名，同异如何？

问：行者观心，一耶？多耶？一多心境，同异如何？问：行者观心，为唯观心？亦观身耶？亦观土耶？问：行者观心，在惑业苦，内耶？外耶？同耶？异耶？问：行者观心，心内佛性，为本净耶？为始净耶？问：行者观心，心佛众生，因果身土，法相融摄，一切同耶？

良由世人不闲诸教大旨，故前以四十问为其开解。亦由世人不善遍揽因果、自他、依正，观于己心，今更以六问，问于观心。意谓既能妙解，须立妙行，解行相资，凉池可到矣。当用观时，以此心为所观，复即此心为能观。能所俱心，境智互照，俱三千故，各摄一切。境之与观，不分而分，得名有异，二而非二，其体复同。故《义例》云："以心为境，心亦能照。"若能所不二，境观一如，岂分情无情之异耶？

二问心境一多者，行者唯于万境观一心，岂非一心遍于万境？故不以一多求之。盖由行者即于当念，观具三千，故一念即三千,三千即一念。妙不决定，不可以一求之，故不同也；不可以多求之，故不异也。

三问行者观心，了自他依正之法，无非心具。若只观心不观身土，则成差别，不得名为不思议境观。《不二门》云："依正既居一心，一心岂分能所？虽无能所，依正宛然。"岂分情无情耶？

四问苦惑业三，圆人了达三道，即是三德，不可于三道外，别求三德。若离三道，别求清净真如，如何名为圆具一体不二？

五问心内佛性，为本净始净者，由众生本理清净，依正一如，是故始觉果成，身土融通自在。

六问此以心佛众生，因果身土，融摄为问者。若了心佛众生同一,三千三无差别，则因之与果，身之与土，一切法相互相融摄，未始有一法之不同。苟能如是解而观之，则凡圣一如，色香泯净，阿鼻依正全处极圣之自心，毗卢身土不逾下凡之一念。如此则岂计无情无佛性耶？

是知此一问，总前诸问。若了无差之旨，则一问中可消众滞，一答之中则为遍答众问。故下文云：“岂非晓最后问三无差别，即知我心，彼彼众生，一一刹那，无不与彼遮那果德，身心依正，自他互融，互入齐等。”

如是设问，不可穷尽，为断子疑，且至尔许。客曰：何以不多不少，唯四十六？余曰：攻惑、攻疑、攻行、攻理，通教、通义，通自、通他，一问亦足，为对钝根，故四十六及对六即，分证离为四十一位，兼前及后，故四十六。应知一问亦皆能攻余四十五，余一一位仍须皆具四十六问，乃至无量亦复如是。

不可穷尽者，以略例广，谓若也。搜括一家教观深旨，设于问端，不可穷尽，客拟止尔，故且至尔许。客所拟者，以教言之，由其不闲教旨，因果互融，遂不了无情佛性，三法无差，真如变造，如全水为波等，故有前四十问。以观言之，由其不善遍揽因果、自他、依正，观于己心，心佛众生，但观清净真如，故有后之六问耳。

设复客问，以不多不少为辞，生下答文。若利根者，则若惑、疑、行、理，一问亦足，众滞自消，何待四十六问？所谓攻者，即攻破也；通者，即通达也。他所惑者，由惑果事，而迷因理，不了因心本具，至果方融，此惑当攻。既疑无情无性，此疑当攻。不但其解如此，及其立行用观，亦直观于清净真如，此行当攻。其将真如变造依正，分为两派，此理当攻。

若攻此四，则通权实之教，通佛性进否之义。若能妙解一念三千，依之立行，无复直观清净真如，则自行无壅而通矣。自行既立，无复踵于真如两派之说，而障后学佛之知见，故曰通他，此对利者而言。次对钝根，故四十六及对六即，也为对钝根等者。

当知利根之人，于一问中，即能袪滞，释然大观，解行俱通。若钝根者，以四十六问，备该圆顿因果，及以经论所明身土观境，互融之义，方能解了依正一如，始终理一。及对六即者，谓非但唯对钝根而已，仍兼乎六即之位故也，理同故即，事异故六，如《指要》。分证离为四十一位者，初住至等觉，兼前理即名字，观行相似及后究竟，共为四十六也。

以问对位，其数虽同，非谓直以一问对一位。在问则无不遍攻，在位则无不具摄，亦理然也。又复应知，诸问自佛性至观心，就其所攻义异，故曰一能攻余攻者，断其疑也。若论能攻之问，只是一念三千，教则解此三千，行则观此三千，岂复更自相攻耶？乃至无量亦复如是，此结上不可穷尽之意。

3　金刚錍释文卷下

荆溪尊者湛然撰　六梦居士虞淳熙订

天台沙门时举释　二华居士施浚明阅

客曰：仁所立义，灼然异仆于昔所闻。仆初闻之，乃谓一草一木，一砾一尘，各一佛性，各一因果，具足缘了。若其然者，仆实不忍。何者？草木有生有灭，尘砾随劫有无，岂唯不能修因得果？亦乃佛性有灭有生，世皆谓此以为无情，故曰无情不应有性。仆乃误以世所传习，难仁至理，失之甚矣！过莫大矣！

自从文初立义，乃至四十六问所立之义，善符经宗，灼然异仆于昔所闻，无情无佛性也。仆初闻者，即初前来不觉窳云无情有性。如此则今所闻，与昔所闻硕异，所以惊骇。初闻之时，将谓一草一木，一砾一尘，各各自有一佛性，修自修他，从因至果，各各具足缘了二因佛性。若其然者，仆忝寻释教，薄究根源，实不忍闻斯义。何者？且如草木，春生夏长，秋凋冬落，生灭不止，尘砾随其成住坏空有无。若谓无情有性者，非但不能修因得果，亦见佛性有生灭耶。世人皆谓此之草木等为无情，故曰无情不应有性。今闻仁所立义，乃约惟心体具，三无差别，而明无情有佛性。故今悔云：仆乃误以世所传习，难仁至理，失之甚矣！过莫大矣！

余曰：子何因犹存无情之名？客曰：乃仆重述初迷之见。今亦粗知仁所立理，只是一一有情心遍性遍，心具性具，犹如虚空，彼彼无碍，彼彼各遍，身土因果，无所增减。故《法华》云："世间相常住。"世间之言，凡圣、因果、依正摄尽。

此文由野客所闻，乃至无情不应有性，是故荆溪重责，前来既信一切法皆正因性，开导情怀已竟，何故犹存无情之名耶？故下野客便云：乃仆重说昔日所迷之见。非谓今日已蒙开导，解佛性矣，复更犹存无情之名也。

重述初迷，指前云"仆初闻"之文，昔日曾有此迷，今日重述，此乃荆溪核定野客今日之见，不可混滥。今则不然，亦粗知仁所立理矣，不出具遍之旨，即前文"今立众生正因体遍，经文亦以虚空譬之"，及"故达惟心，了体具者，焉有异同"三无差别，"果性身土，沾于瓦石等"义也。今先点其大意，然后消释。

问：今文正是领解无情有佛性，何故却云只是一一有情，心遍性遍，乃至摄尽？如此则正同孤山《显性》云："此文既一一有情心遍，云何辄云身土自具三千耶？"文若尔，则正合孤山观心具三千，独头之色不具三千耶？

答：若能洞见生佛依正，一念具足，一尘不亏，直下现成，本来同体。只缘众生惑于知见，妄自分别，所以色心派分依正，角立分情无情。此乃众生情想，诚非佛性有殊。

祖师正要就迷点示众生，所以多约有情之心，示佛性遍，故多云色即于心。又欲从于近要，成内观义，故且约惟心，而说孤山不达此义，但见祖师一文一义，约心论遍，便谓色不具三千耶。故《十义书》云"上人坚据《金錍》心具三千，谈佛性者，盖由彼文正显佛性遍义，以佛约有情说，故多明色即于心，故知若信诸色即心，则成无情有于佛性义也。亦为成于内观义故，故且约惟心而论，以诸教文，正被下界众生，故多明唯识也。非谓彼一向摄归一边，如生佛依正，一尘不亏之文，如云作不具三千而释，如何作一向摄外归内释耶"文。

只是一一有情，心遍性遍者，随缘名心，不变名性。今点随缘之心，当处不变，即名为性。云心性具遍者，即示体量义。心具性具者，即体德义，亦即上体具唯心之旨。此之具遍，既同法界，故如虚空无碍各遍，与彼彼生佛三无差别。如是则方知生之与佛同一三千，圆融遍入。以由性体如空，互融无碍，是故彼彼圆融遍入。身土者，依正也。

因果者，心生在因，佛在于果。三法齐等，故无所增减。是则以我之心，例彼生佛因果、身土一一遍融，无不齐等。是故佛性岂不遍于无情者哉？故引世间相常为证。

余曰：观子所见，似知大旨，何不试答向之一问？客曰：仁向自云，若思一问，众滞自消。仆若答者，即以一答，遍答众问，何一问之有耶？余曰：请述其旨。客曰：仆还揽向诸问意，若消众滞，即名为答，何假曲申一一问耶？何者？众问岂不由仆不受无情有性之说？仆今受之，此即是答。

良由野客粗知仁所立理，领解心性遍具，犹如虚空。引《法华》世间相常，依正摄尽。此之所见，似如薄知教部权实、佛性进否，经中大旨也。云向之一问者，既能似知大旨，何不试答向来所问四十六中之一问耶？如上文云：若能晓余之一问，则众滞自消，法界圆融，释然大观也。仁者向来既云晓一问，则众滞自消，今以一答，使诸问皆释，何一问之有耶？

荆溪因其谓一答，遍答众问，故请述其旨。客曰：遍览向来诸问中，一一为显三因具遍，三法无差，教部权实，碎偏权难，显圆实理。如是众滞既消，既达无情有性之旨，即名为答，何假曲申一一问耶？故即征起正答。云：何者？众问岂不由仆不能受无情有性之说？今来信受此义，即此一答，遍答众问也。

余曰：大略虽尔，未晓子情。客曰：仁所立义，关诸大教，难可具陈，仆略论之，冀垂听览。岂非晓最后问三无差别，即知我心、彼彼众生，一一刹那，无不与彼遮那果德、身心、依正、自他互融、互入齐等，我及众生皆有此性，故名佛性。其性遍造、遍变、遍摄，世人不了大教之体，唯云无情，不云有性，是故须云无情有性。了性遍已，则识佛果具自他之因性，我心具诸佛之果德。

果上以佛眼佛智观之，则唯佛无生；因中若实慧实眼冥符，亦全生是佛，无别果佛，故生外无佛。众生以我执取之，即无佛唯生。初心能信教仰理，亦无生唯佛。亡之则无生无佛，照之则因果昭然。应知众生但理，诸佛得事；众生但事，诸佛证理。是则众生唯有迷中之事理，诸佛具有悟中之事理，迷悟虽殊，事理体一。故一佛成道，法界无非此佛之依正，一佛既尔，诸佛咸然。众生自于佛依正中而生殊见，苦乐升沉，一一皆计为己身土，净秽宛然，成坏斯在。仁所问意，岂不略尔？余曰：善哉！善哉！快领斯旨，实可总知诸问纲格，此即

已答百千万问，何独四十六耶?

述者以其领解信受之辞，其略虽尔，终未晓子旧执之情，必能释然大观，洞见法界。客亦不复自抑，故进之曰“仁所立义，关诸大教”等。立义即前诸问之义。仆略论之，即晓最后问三无差别去，即答也。

由晓三无差别等义，因问开解，是故备领前教观之义。自即知我心去，止其性遍摄，是领上揽因果自他，观于己心，心佛众生义也。自世人不了大教之旨，止须云无情有性，是领上大教之旨义也。自了性遍已，止因果昭然，是领佛说果德义也。自应知众生但理，止诸佛咸然，是领佛现互融义也。与众生不同，大分如此，当次第释之。

初义者，遮那果德，身心依正者，即三千果成，咸称常乐。所以若色若心，若依若正，咸彰四德，三无差别，心生本同，故得自他互融、互入齐等。自他者，既约互融而论，则当三法互论自他，或心为自，生佛为他；或佛为自，心生为他。互融者，即上彼彼各遍也，即《指要》所谓圆融遍入是也。

齐等者，即上身土因果，无有增减也。由齐等故，故无增减，一切众生皆有果人之性，故曰我及众生皆有此性，故名佛性。其性遍造，造即是具，即具一切色心依正也。遍变者，变谓转变，即变造一切色心依正也。

遍摄者，既全具为变，全变即具，举一全收，未始有一法而不摄，此即遍揽自他、依正，观于己心，心佛众生之义也。

次义，领上诸教大旨者，诸教大旨之所诠示，唯心体具，本有佛性而已。世人迷故，而不从果，云众生有，致失体遍，情无情隔，唯云无情，不云有性。是故仁今所立，须于性中，点示体遍，云无情有性，此诸教大旨也。

三义，佛说果德义彰，因心性具，欲令众生全性起修而已。既能解了性体元遍，三无差别，则识佛果具自他之因性，即果具于因也；我心具诸佛之果德，即因具于果也。因之与果，同一三千，三千理满，而成于果。以究竟圆明眼智而观之，则真空冥寂，更无彼此迭相见，唯一真如智独存。所以唯佛无生，亦可通于分证位。

因中若实慧实眼冥符者，此句该观行、相似两位。慧之与眼，莫不称实而照，称实而见，如初入品便能见于融妙三千，但望后位，明昧异耳。而言冥符者，以障中无明未破，未能显见，但冥与之合，亦全生是佛所见，诸法皆三千，故有何果佛在众生外耶？

众生下二句，明理即也。众生因心无不理具，然长劫用理，长劫不知，唯随妄我，于三界中执取生着，故无佛唯生。初心下，名字即。名字初心，以禀教故，起圆常正信，理虽未见，而生仰慕，洞开圆解，以理融事，能了诸法无非法界，亦无生唯佛。名字位长，未入品前，皆是名字；能入品者，皆亡照之功。今兹亡照，且在名字，即照而亡，缘起俱泯，绝生佛之假名，即亡而照，诸法宛然，因果昭然。

四义，生佛迷悟，所见不同。众生但理，诸佛得事等者，如《妙玄》云："众生得事，圣人得理。又圣人得事，凡夫有理。"《释签》解曰："众生得即理之事，圣人得即事之理。圣人知即，众生不知。圣人得于因果化他感应等事，众生但得非因非果迷中之理。"众生非但未悟，亦不知迷，故曰唯有迷中之事理。诸佛非但已悟，亦复显迷，故云具有悟中之事理。

迷悟虽殊，不出百界千如；一心一尘，无不当处即具三千。是以事理始终体一，故一佛成道，证法界体，得法界用，依随正转，一成一切成，法界无非此佛之依正。一佛既尔，彼彼果成，亦复如是，故曰诸佛咸然。

若众生所见者，由其从本以来，背三德性，惟迷惟逆，流转三道，于平等法中，起自他妄想，见相差殊，故于苦乐升沉之处，各各皆计为己身土。诸佛常融，众生自隔，所以净秽宛然，成坏斯在。仁所问下二句，结答余曰下印述。

客曰：几不遇仁，此生空丧，必依此见，获胜果

耶。余曰：必欲修习，教法未周，若不善余一家宗途，未可委究行门始末，安能遍括教行、事理、惑智、因果、依正、心法，用为凡夫初心观首？然子所领似虚其情，计子观道犹为罔象。客曰：观道者何？仁师谁耶？法依何耶？余曰：子岂不闻天台大师灵山亲承，大苏妙悟，是余师也，《摩诃止观》，所承法也。以二十五法为前方便，十法成乘，观于十境，十境互发，观时进否，此观道之大略也。诸问且令识十乘初妙境而已，余乘诸境不暇论之。客曰：善哉！仆当慕之，以为永劫之仗托也。

几者，近也。谓近不遇二，则此生空自丧身，亦可几乎而失，何所益哉？今闻圆具之谈，无差之旨，虽免此失，还必依此旨修证，可以克获胜妙之果报耶？余曰：至教法未周者，此即且示十乘初不思议境而已，委悉如《摩诃止观》，故下文云："且令识十乘初妙境而已，余乘诸境，不暇论之。"故曰教法未周。若欲委究行门始末，须善一家宗途，且所传《摩诃止观》，以《法华》为宗骨，以《智论》为指南，以《大经》为扶疏，以《大品》为观法。引诸经以增信，引诸论以助成。观心为经，诸法为纬，织成部帙，不与他同，所以必须五章以生妙解。次于修行俱须二十五法以为方便，十乘十境以为正修。若不了此行门始末，何自而知？始末者，即《辅行》

云：“始终只是观于三德，入于三德，乃至指归自他也。”不过五略，乃至二十五法方便、十乘、十境，从因至果之后，自他同归秘藏一期，为始终也。

教行至心法，文有六双，即《止观》摄法之意。如云摄一切理、惑、智、行、位、教六也。教行即六中之二，事理即事理两种。三千既摄一切理，余五是事，惑即三惑智，即三观位，通因果，即因果一双。依正即因果，通有十界依正。心法，即能造心，所造法。若不禀承《摩诃止观》十章始末，开解立行，曷能周遍搜括如上等法？入一念法，观具三千，以为初心修观之端首矣。观子所领受上三无差别之旨，似如情怀虚豁，但是解知今度，子于今家观道，尚为罔象。罔象者，未实之貌也。

客曰下，因上云计子观道未明，遂有三问：一问观道，二问师承，三问所承。答中先答师承，昔日灵山妙会，亲承《法华》，今生禀承南岳，大苏妙悟等，且如《别传》。且荆溪答师承，自左溪推至智者，乃五世孙，今云天台大师，乃高祖之师也，左溪乃父师也。以《摩诃止观》答所承法也。

摩诃拣非，渐次、不定，及《小止观》等。二十五法下，答所观道。二十五法为前方便者，对十乘是近方便。十法成乘者，如不思议境乃至十离法爱。此之十法和合成大乘，名能观，观十境为所观境。然一境具有十乘，十境互发者，如观阴境而发烦恼等，具如《止观》。明次不次等，当其境发之时，宜善分别，须知进否，无使差互，此言其大略也。且是十乘初不思议境而已，故曰诸问等，由诸问所明，不出无情佛性，即三千之大旨，望于初乘观法尚未委悉，自余乘诸境未暇委论。野客受上观道之旨，深生慕仰，以为永劫之依凭也。

客曰：屡闻讲说，大乘诸师犹以无情佛性为一别见，何耶？余曰：此有由也。斯等曾睹小乘无情之名，又见大乘佛性之语，亡其所弘融通之谭，而弃《涅槃》虚空之喻，不达修性，三因离合，不思生、佛无差之旨。谬斅传习无情之言，反难己宗唯心之教，专引《涅槃》瓦石之说，不测时部出没之意。如福德子而无寿命；弱丧徒归，犹迷本族；如受贵位，不识祖宗；亦如死人，而着璎珞，用是福为？用璎珞为？法相徒施，全迷其本。忽遇斯等，应以如上诸意问之，所弘之典大小乘耶？尚失小乘，已如前说。

客领一家解行中，心悦而诚服矣，方以其所宗途，诸大乘师以无情佛性二者，而生差别之见为问。所谓见者，只是于斯无情佛性，妄计无情无于佛性，佛性不遍无情，情性则异，故曰别见。记主推其所迷之，自以破之。

盖由此等曾观小乘四含部中，一向局彰无情之名，此无情不云有性；又见诸大教中有佛性之语，此唯谈佛性，不立无情。虽执无情佛性二者硕异，遂乃忘其所弘《华严》依正融通之谈，惑为果事，而不信因果本融，致弃《涅槃》虚空之喻，众生理性、正因佛性，遍一切处，非内非外，而复不达修性三因离合之义。正因遍处，缘了必俱，合而言之，但名正因。又不思生佛无差之旨，果地三身既遍心生，岂不然乎？是故谬效传习小乘“无情草木生灭，瓦石有无”之言，反难己宗所弘《华严》诸法唯心之教，专引《涅槃》瓦石之说，以为诚据者，由不知时部，带权说实，佛性有进否之义。所谓出没，即或权或实，及并明等意也。瓦石无情，乃并明中带权佛性否义也，岂可以为毕竟乎？如上十句，文义相由而生也。

下举四意，以斥其忘本。虽说法相，何益于人？一、如福德子而无寿命，喻出《大经》；二、弱丧徒归者，弱者幼也，丧犹失也，幼失家而后还归，犹迷本族，如《庄子》云“弱丧而不知归”者，是也；三、如受贵位，不识祖宗，事见《梁史 · 侯景传》中；四、如死人着璎珞，喻文出《月灯三昧经》。今以其所弘大教法相，譬福德、徒归、受贵、着璎。以其不知理本，佛性元遍，如无寿、迷族、昧祖、死人，虽有璎珞、贵位、徒归、福德，徒尔何为？后但言福、璎，余二例知，故总结云法相徒施，全迷其本。

野客虽晓，复诫其余，故曰忽遇斯等。意谓脱若后世遇有此等别见之说，亦以上融通等意问之，其于大小得失可知。云尚失小乘，即前尚失小真，及尚昧小乘等，故曰已如前说。

客曰：斯失者众。闻仁所宗四教释义，可得闻耶？余曰：此之四释，关涉五时，牢笼八教，十方三世大小乘法咸摄其中，岂可率尔谭其始末？客曰：若尔可能以四教，略判佛性，无情有无，心造心变，具不具耶？余曰：略示方隅，斯亦可矣。何者？自《法华》前，藏通三乘俱未禀性，二乘惮教，菩萨不行；别人初心教权理实，以教权故，所禀未周，故此七人，可云无情，不云有性。圆人始末，知理不二，心外无境，谁情无情？法华会中，一切不隔，草木与地，四微何殊？举足修途，皆趣宝渚，弹指合掌，咸成佛因，与一许三，无乖先志，岂至今日云无情无？

既辨其失，则知非别见矣！乃复请以四教，意在判今佛性所归，则曰闻仁所宗等。然一家所宗教门，其唯二途，谓化仪、化法。化仪则判教，化法则释义。今从释义以问，故知为化法而问也。余曰等者，先言四教摄法，该广未易言其始末。此之四释者，谓此四教是一家释义之纲目，故曰四教释。

所以关涉五时，牢笼八教者，关涉乃出入之义，牢笼乃该罗之义。然如来一代施化，所谈法门，虽五时八教之殊要，不出以此藏等四教门户出入，而该罗之。广而言之，十方三世大小乘法咸摄其中。何以故？以其佛佛道同，故所关涉、牢笼，罄无不尽也。此亦可为四教立题之的据也。

盖如来所说之法，不出藏、通、别、圆，但随顺物机，将藏等四作顿、渐、秘密、不定等四说之不同。故《四教仪》云：“然秘密、不定二教，教下义理只是藏、通、别、圆。”《释签》云：“两种四教不出四缘，四缘只是藏等四教。”《辅行》云“藏等四教遍收一切大小乘经，因果显了，各立教主，各被机缘，始终备足，不过此四。顿等四教，但是如来不思议力布措藏等，盈缩调停，成熟物机，乃至废偏显圆，会权立实，故有诸部相生”文。谈其始末者，既该始末，则涉乎一化，故未可率尔而言也。

客曰若尔等者，犹言如此，则还可以今四教，略释无情佛性之有无否，及心造心变，具不具之通局耶？

余曰略示方隅等者，今以四教偏圆，判夫佛性及变造等义，犹示其方隅矣。先判佛性有无义，云自《法华》前，藏通三乘具未禀性者，并约机教相对而说，以其教不诠中道佛性，故使机缘无得而闻。二乘惮教者，惮犹畏也，此以非己智分，名之为惮，不同《华严》之惮教也。菩萨不行者，且约钝根及三藏言之，若受接者，亦可得去，非不行也。

别教初心教权理实，以理实故，虽异前二，以教权故，所禀之中，出二边外，此中但理，不具诸法，故云未周。所以约教道言之，同前两教，皆可云于无情，不云有性。若回向圆修，则后方知者，不在其数。故此七人者，即前四时三教七方便人。可云无情，不云有性，文言可者，对不可言之。至若圆人，与夫《法华》当机，则不得云耳，故云圆人始末。知理不二，此言知理，即须自名字以去，虽始末之异，莫不皆知不二之理也。

心外无境，了达唯心也；谁情无情，唯一佛性也。此犹以昔圆对偏，言情无情性非性异。至法华会上，一开之后，则权实性情，无间然矣；故曰一切不隔草木等者。并约法华部旨开显言之，三草二木喻权，一地喻实，而色香味触，四微不殊，则权实不二也。化城喻权，宝所喻实，举足修途皆趣宝渚，亦权实不二也。

弹指合掌，本人天小善，而咸成佛因，许三与一，虽非本所望，而无乖先志。得非善体本妙，佛意元实，故使偏小，无非一乘实相，理通不隔诸法，佛法之谈本相是矣。涅槃同味不亦宜乎？佛世开显既尔，末代判教准知，故曰岂至今日云无情无？今日无者，亦追斥野客言也。故知以教判，则有偏圆；以部判，则有今昔。其惟醍醐，圆顿佛性明矣。

言心造心变，咸出大宗；小乘有言，而无其理。然诸乘中，其名虽同，义亦少别。有共造依报、各造正报，有共造正报、各造依报。众生迷故，或谓自然、梵天等造，造已或谓情与无情。故造名犹通，应云心变；心变复通，应云体具。以无始来心体本遍，故佛体遍，由生性遍。遍有二种：一宽广遍，二即狭遍。所以造通于四，变义唯二，即具唯圆及别后位。故藏、通造六，别、圆造十，此六及十，括大小乘教法罄尽。由观解异，故十与六，各分二别。藏见六实，通见无生，别见前后生灭，圆见事理一念具足。论生两教似等，明具别教不诠，种具等义非此可述。故别佛性灭九方见，圆人即达九界三道，即见圆伊三德体遍。

次答遍造等义，故言牒上问云。言心造等，心造，出于《华严》，谓一切惟心造；心变，出于《楞伽》，谓不思议熏、不思议变，故曰咸出大宗。大宗，即大教也。变义唯二，造通于四，是则造之为言，通于小乘，虽有其言，而无其变造之理。又诸乘中，凡明于造，必造正、造依，其名虽同，至于能造之有共别，所造复殊，义亦少异。藏通论于业惑构造，别、圆明随缘变造，即不即异。

共造依报者，三界苦域，六道同业，共造也。各造正报者，六道苦乐、升沉之异也。共造正报者，如因中同修人业，故共感人身也。以业有重轻，故贫富窟宅胜劣之不等也。人界既尔，余界准知。众生迷故，虽有如上之异，莫非正因缘所生之法，非彼邪外所计，故曰众生迷故，或计自然及梵天等造，谓自尔而然，非由业力所造所成。

梵天等者，或计梵天为能生万物之主，及为一切众生之父。以光音天初生梵世，故《大经》云："梵天、自在天、八臂天，乃至微尘，法及非法，是造化主。"微尘即众尘和合而成，以皆计能生万物故也。如《涅槃疏》释。或谓情无情者，彼但见已造之末，有情无情而已，殊不知元由性变，故生差别之见，而分依正之殊，情无情隔矣。

如此小别，应须《楞伽》心变而甄之，故云造名犹通，应云心变。然变名复通者，有心生论变、心具论变，故心变复通，应云体具。具则具于圆矣，故谴之曰，以无始来等。此以遍义释具，以无始来未起念时，体本周圆，三千心色融摄无遗，举一全收，三无差别。佛得此故，身土相即，一多无碍，生具此故，如佛身土，亦即一切。如此则知即变而具，即具而变，方称圆旨。记主于此，复明二种之遍，以显体具，不出各具互具之义。以即狭言之，即各具义；以宽广言之，即互具义。

北峰曰：我心之体，本具三千。十方生佛，即心而是，即狭遍也。我心之体，既具三千，十方生佛，是我心体，宽广遍也。故《辅行》云："又复学者纵知内心具三千法，不知我心遍彼三千，彼彼三千互遍亦尔。"此是各具互具之正文。以三法各具三千言之，似有凡圣高下；究论法体，生佛乃具我心之法，我心亦具生佛之法，故名互具。是则于生佛具处，是我心宽广遍；我心具处，是生佛宽广遍，故云我心遍彼三千，彼彼三千互遍也。故知二遍之文，释成具造之义矣。

所以下，以四教结前造遍等。故藏通下，先释造通于四。通名曰造，而界内外有造六、造十之异，以之搜括大小乘教，罄无所遗。又复随教异解，故有事理即异之别。所以藏见六实，则六凡依正，从事而观，皆实有也。

通见无生者，境不异前，但约即理，故知幻化悉无生也。别亦从事，约离言之，故十界三谛次第破显也。圆人不唯得理，亦达于事，若事若理，一念具足，无非法界。而特云一念者，盖言不前不后，具时而具，一字圆旨见于此矣。所以四教观法，有析法体法次第一心之异。论生两教似等，明具别教不诠者，别虽论生，似与圆同。若曰即具而生，别远不逮，况即具之旨，惟圆而已。

种具等义者，谓若欲委明性类等种，以辩两教具不具等，非此可以具述。别人由此所以佛性灭九方见，圆人从初不同四眼二智所见差别，初心即依佛眼佛智，用上品寂光而为观体，即所见处，九界即遮那，三道即三德，无所往而不见佛性矣，况后位乎？所以即具唯圆，及别后位。

客曰：如何能摄依正、因果？余曰：一家所立不思议境，于一念中理具三千，故曰念中具有因果、凡圣、大小、依正、自他，故所变处无非三千。而此三千，性是中理，不当有无，有无自尔。何以故？俱实相故。实相法尔，具足诸法；诸法法尔，性本无生。故虽三千，有而不有，共而不杂，离亦不分，虽一一遍，亦无所在。

然此野客问者，由前荆溪云“若不善余一家宗途，安能遍括教行事理？为初心观首”，以至明于具遍之义故。复申问二答中，于一念理具三千者，由前言云“圆见事理，一念具足”，故以圆诠一念即具事理三千释之。前云“不思议境”，正是理造三千，以止观正意，唯观理具。故《辅行》云：“但观理具，具破具立，具是法界。”故所变处，即全理成事造三千也。

而云三千者，点上三千，性是中理，不当有无，双遮二边也。有无自尔，双照二边，以结成三谛也。三千者，通体也；三谛者，体上之德相。由此三千之性妙不决定，当处皆空，全体即假，二边叵得，中道不存，不可以一求，不可以三取，不纵不横，绝思绝议。是以《摩诃止观》不思议境后历界如等，一一三谛结之，故今亦曰而此三千性是中理等，此四句标也。

次何以故三字，征起俱实相。故下，释成上文三千之性是中理者，由俱实故，实相法尔，具足诸法，即有自尔也；诸法法尔，性本无生，即空自尔也。故虽三千下，结成上文，云有而不有。谓虽有三千，体是中道，中道寂灭，双遮二边也。共而不杂者，三千虽同居一念，十界因果不相混滥也。离亦不分者，十界因果虽异，而理体本来融妙也。虽一一遍者，三谛无非遍一切处，虽遍一切，亦无所在也。如是则终日同趣，终日不失。

客曰：其理必然，仆深仰之。此为凭教，为通依诸部？为专在一经？余曰：斯问甚善！能使其理永永不朽。虽则通依一切大部，指的妙境，出自《法华》。故《方便品》初，佛叹十方三世诸佛所得微妙难解之法，所谓诸法实相，如是相等。当知如是相等，即是转释诸法实相。以诸法故，故有相等；以实相故，相等皆是实相、无相，相等皆如。

理者即上三千世间，具空假中之旨，可谓尽善矣。

所以深仰为凭教，客既仰信，复问此之妙境三千，必凭教而立。若通凭教，为通依诸部？为专在一经？答中先称客问之善，能使其理不朽也。虽则通依一切大部者，如《华严》心造十界，《大经》《大论》三种世间等；如云散引诸文，该乎一代等，指的妙境，出自《法华》。先德云：大师依《妙经》十如是，并《大经》《大论》立三世间。《金錍》云："虽则通依一切大部，指的妙境，出自《法华》。"应知《法华》以前诸大乘经，虽说诸法实相，非是彰灼。谈此妙境，以未开显声闻、缘觉，及偏菩萨九界十如，具佛界十如故。文良由十如为今经三周，开权显实正体。以由开显，所以十界互具互融。前诸部文兼但对带，以未开故，推功归此，故曰指的妙境，出自《法华》，故《方便品》正示所依。故《文句》云："诸法实相下，即甚深境界。今明此境为二：初一句，略标权实章；次十句，广释权实相。"

今云转释者，即三转读文之转也。以诸法下，即出转释之相，所以《文句》初谓之略标，次谓之广释也。以诸法故，假也；以实相故，中也；实相无相，空也。故《指要》云：三德三谛之三千。而文中转释三观不次第者，从义便故也。

客曰：云何三千？余曰：实相必诸法，诸法必十如；十如必十界，十界必身土。又依《大经》及以《大

论》立三世间，故有三千，具如《止观》及《广记》中。故知因果、凡圣，恒具三千。是故叹云：唯佛与佛乃能究尽。十方世界稻麻二乘、如恒河沙不退菩萨，并不能知斯义少分。即指前之七种人也。是故身子三请殷勤，十方三世诸佛开显，释迦仰同，无复异趣。大车譬此；宿世示此；寿量久本唯证于此；根败适复，获记由此。菩萨疑除，损生增道，始初发心，终讫补处，岂有余途并托于此？由前四时，兼但对带，部非究竟，故推功《法华》。《涅槃》兼权，意如前说。

问既闻三千之语，又闻十如所凭之文，未晓所以结成者，故于是问曰：云何三千？而答以实相必诸法等，此言三千，是其总名；界、如、身土，名下之别法。而一一法，皆言必者，以实相必具诸法，理必有事；诸法必十如，事必有因果也。十如必十界，因果之法，必该善恶凡圣也；十界必身土，正报之身，必有所依之土也。故前举十如之言，则已具三千。何者？

盖十如无别法，必约十界分别。十界互具，既成百界；百界十如，乃成千法；以此千法，历于依正假实，此三千所以必备也。但文有隐显，故三种世间又不如《大经》《大论》之显著也，故借彼文助显而结成之，非谓三千亦出彼文也。不然，何谓妙境出自《法华》乎？若《大经》等文，如《止观》及《记》所引。故知因果凡圣恒具三千者，上约因心以示，故因等是所具法，今推广言之，则因果凡圣皆为能具。

言恒具者，恒之言常，故知若因若果，若凡若圣，无往而不具三千，亦无往而不摄矣。开显妙谈，岂有圆顿？更过于此，大事因缘如是而已。是故叹云者，以由诸法实相三千妙境，该于修德之极，彻于性德之源，三惑净尽，三德极圆，佛眼种智乃能究尽其理然也。七方便人于《法华》前，虽如稻麦河沙，以其但空偏假之智眼，乌能知斯义之少分者哉？所以身子三请者，以未解此三千实相故也；诸佛开显，显此三千实相故也。

诸佛既尔，释迦亦然，故曰仰同。故经云："唯佛与佛乃能究尽。"大车譬此者，为中根人譬此也；宿世因缘者，为下根人示此也；三周开显，迹化既尔，尘劫之前寿量久本，证非如非异，亦唯此也。此就应边而说，二乘在昔，菩提心死，譬犹根败；今闻迹中开显，根败适复，获八相记者，由此三千实相故也。菩萨于迹、于本，断疑生信，损生增道，始自发心，终于补处，并托此三千实相故也。此就机边而明，若机若应，若法若喻，本证迹施，无不本此三千实相者也。通而言之，前四时中，唯除鹿苑，显露无圆，乳及二酥圆人自妙，但犹兼但对带，部未纯一，权实相隔，大小殊途，既非究竟，故推功《法华》开显之妙也。《涅槃》兼权为末代，故味同醍醐，应无二别也。

当知一乘十观，即法华三昧之正体也，普现色身之所依也。正因佛性由之果用，缘了行性由之能显。性德缘了所开发也，《涅槃》真伊之所喻也，《法华》大车之所至也。诸大乘意，准例可知。子得闻之，可谓久种，勤而习之，无使焦败，愿未来世，诸佛会中，与子相遇。

一乘十观者，以此十观，但是一不思议观不思议境，为对根殊，故观列十。虽列于十，乃至离爱，不离妙境。以初妙境，为下九乘所依，故喻以大车，即一乘也，故曰一乘十观。且三千妙体，既本于此经，故十乘观法还即法华三昧妙义之正体，以实相理，从所发定言之，故云三昧。然今以妙境为三昧之正体，而妙记以止观三昧为筌罤。盖筌罤从行，正体约理故也。此三昧正体，亦为普现色身之所依，所以诸佛果上，遍应大用，如观音现身说法等事，皆依于此理。如曰诸佛若断性恶，普现色身从何而立？盖性恶即三千故。正因佛性等者，此又言修性三法，由此一念三千，故能为体为用，成性成修。所以正因即之，起果上三千之用；缘了即之，而能显于性德三千。

而此缘了，全由性德之所开发，是故三因，莫非性也。如是之义，本于性德，而显于修成。修非性无以发，性非修无以彰，体用等义莫不皆然。是则三因为因，全显于果，果即三德，故为《涅槃》真伊之所喻也。而果必由因，则《法华》大车之所至也，至则道场所证之法，故例诸大乘，亦无出此理。如前一代教中，已多显顿是也，故曰准例可知。子得闻之者，结示功归久种，仍为熟脱之缘，愈彰此道之不轻也。

于是野客悲喜交集，曰：投身莫报，粉骨宁酬？唯以此义，随方转说，以报所闻，如何？余曰：佛有诚诫，自可为规。经云："若但赞佛乘，众生没在苦，我宁不说法，疾入于涅槃。"寻思方便，先小后大。此乃以偏助圆，方可为说。又云："当来世恶人，破法堕恶道。志求佛道者，广赞一乘道。"此即简人，方可为说，然末代施化，复未知根，亦可如《安乐行》中，但以大答。亦可如不轻、喜根而强毒之。故《首楞严》中，闻生谤者，后终获益，如人倒地，还从地起。应运大悲，无恼他说，子应从容观时进否，将获彼意，顺佛本怀。

或科此下为流通，无不可者，恐滥三分，故不必尔。投身者，如《涅槃》第十三：释迦去世作婆罗门，雪山修道，帝释化为罗刹，说半偈：诸行无常，是生灭法。菩萨舍身，求后半偈。既得，以书石壁，即上树自投，从树下来至地，罗刹后复本形赞叹。

粉骨者，如《大品》：萨陀波仑欲求般若，七日七夜悲泣。空中告曰：佛子！东行五百由旬，香城有菩萨，名昙无竭，一日三时说般若。自卖身，帝释化为婆罗门，买骨髓时，波仑以刀出髓。文此并显恩大难酬也。夫恩莫大乎！生吾法身，而色身次之。盖今佛性之旨，虽遍示无情，实全于圆解，故法身得生，此大恩所以难报也。若报大恩，莫若流通此道，转教众生。如云若不传法化众生，必竟无能报恩者，故今效之。但流通说法为不易，故复示其规焉，故曰佛有诫诫等。

佛世鉴机，须先小后大，此以偏圆，分大小也。若佛灭后，有知根、不知根性者。不知根者，得以拣人为说，故曰当来世恶人等。其不知根者，又有二例：或如《安乐行》，但以大答，即“但以大乘而为解说”，虽于小无近益，而不失于大缘。或如不轻、喜根而强毒之，且为成其远因久种，故虽谤法堕苦，不暇恤也。

不轻，如《法华》。喜根，文出《大论》云：喜根菩萨说“嗔恚即是道”，胜意比丘云是邪说，而骂喜根。喜根念彼恐谤法及堕苦，广说偈云“淫欲即是道，嗔恚亦复然”等。胜意大骂，生陷地狱，经无数劫，由前谤种，亦得成佛。此乃强毒，令成大乘。大乘若发，能破无明，因其强毒，故引《楞严》文以释疑妨。盖堕苦有终出之时，而乘种不可失故也。不然则差机恼他之说，何传法利人之有耶？故应运大悲心，无恼他说，然后可尔。虽然此且示大途而已，若夫从容适宜，观时进否，则不专于此，亦当将护彼意，即所谓无恼说。顺佛本怀，即应运大悲也。

若有众生未禀教者，来至汝所，先当语云：汝无始来，唯有烦恼业苦而已。即此全是理性三因，由未发心，未曾加行，故性缘了同名正因，故云众生皆有正性。既信己心有此性已，次示此性非内外，遍虚空，同诸佛，等法界。既信遍已，次示遍具。既同诸佛，等于法界，故此遍性，具诸佛之身，一身一切身，如诸佛之感土，一土一切土，身土相即。身说土说，大小一多，亦复如是。有彼性故，故名有性。

此众生虽未禀权实教，然其来也，则已成机，唯当依今大乘，示以三种之义，故诫语云汝无始来等。烦恼业苦，即本有三种；理性三因，即三理元遍。指修即性，波为水种，即性种也。由了因未曾发心，缘因未曾加行。性虽具三，以在迷故，开乃成合，故但同名理性正因而已。

一切众生皆有此性，即与上文“今立众生正因体遍”，其义正齐。次示性遍，既已信己心有此性已，还示此性非内根，非外尘，犹如虚空，亦非内外，遍一切处，心佛众生三无差别，故同诸佛；性遍虚空，体称法界，法界无外，性亦无外，故等法界，此示体量也。次示性具者，上既示遍义，故即遍论具。若但论遍，不论具者，非圆遍也。二者相即，方名圆遍、圆具也，故即前遍名具；故曰“故此遍性具诸佛之身”等，即上文。

故于性中，点示体具，即此遍性，具诸佛之身，一身一切身，一土一切土，身土相即，亦可云一身一切土，一土一切身。身说土说，大小无碍，一多自在，故今即此遍性，平等具足，丝毫不亏，三无差别，故曰亦复如是。

所谓众生有佛性者，由有彼果人之性故也，故曰有彼性故，故名有性。具体本同，体德备矣。若了此遍具之旨，则妙解佛性，体如虚空，无有罣碍，不隔情与无情也。

若世人云：众生唯有清净之性，加修万行，为功用体，故至果时，方有大用。此乃佛有众生之性，不名众生有佛性也。三无差别，斯言有征，寄言说者，勿负斯教。若言众生有正因性与法身等，不与报化等者，还成众生与众生等。何者？若除报化，犹是众生。若言等于有报化之法身，其如法身，非报化外，以是言之，故须悉等。

承上先示种性，次示体遍，三示体具之后，而斥他非正。由世人不了种性等义，故因斥之。所以初计谓众生惟有清净之性者，此即旁遮偏指清净真如。故四明云：“正为显圆妄染即佛性义，旁遮偏指清净真如。”此断尽

《金錍》一书矣！他既失于迷染三道即佛性，是不知种性义，所以不能全性起修，是故须用外加万行之功，为果上功用之体。

逮至果时，方有其用，非全性起修。既不具德，则成佛有众生之性，不名众生有佛性也，岂非以性净之佛而具众生？故得斥云此乃佛有众生之性。此且一往云，尔彼尚不善生具佛性，岂达三无差别？故引《华严》以证其失。斯言有征者，谓此之经文可以证验今佛性义。若不准者，则负于斯教也。

其次纵其转计，若言众生但有正性与法身等等者，理体法身何往不可？若不与报化等，则不惟众生自等众生，抑不知体遍义。何以故？以向示体遍，必同诸佛等法界。若除报化，犹是众生，何同之有？

又次转计，若言等，是斥其不知体德也。若知法身体德圆具，一身一切身，以例报化，亦悉应然，必不偏计等于有报化之法身而已。故结斥云故须悉等，盖法身非报化外，三身无二无别故也。

今此示有是示种性，示遍是示体量，示具是示体德。既示三已，次令缘于一体三宝，发四弘誓，进受菩萨清净律仪，一一缘向理性三因，修行填誓，如向所闻，种必相续，世世生处以人天身，佛会再闻，而得解脱。

只一心体，体是佛性，具足三义：曰种、曰量、曰德。以此心因是三道本，指波即水，有能生义，为三种德，故曰种性。以此心体，本来周遍，一切不隔，无有罣碍，同佛如空，故曰体量。以此心体，性本圆具，身土因果无有缺减，生佛无差，故曰体德。以此格彼，则偏指真如者，一无有焉。义虽有三，要而言之，只一性具。不了此者，一切具失，故曰只一具字，弥显今宗。记主至此，既为示此三已，复令示其依解立行，依此而缘于一体三宝，据此而发于无作四弘，进受菩萨律仪，复令一一缘向理性三因。三因者，即所缘三宝之胜境，迷悟同源，生佛一致故也。

托此起行，则六度万行，一一无作；以兹行山，填于愿海，行愿相资，当当来世，终期克获胜果。而云如向所闻，种必相续等者，盖闻而种，种必相续，自此闻法禀戒二者，具急不失人天，佛会再闻，而得解脱。

若已禀方便教者，若闻、若行、若伏、若断，随其所得，点示体具。故经云："汝等所行，是菩萨道。"故《法华》中，五章开权，一一但云：是法皆为一佛乘故。众生闻已，皆得种智。

此人已禀权教，而云若闻若行，若伏若断，即三教内外凡及小中圣所得，亦不出但空偏假而已。应准《法华》开显之意，从容观时，点示以三千实相体具之旨。

倘曰观时或否，亦勿恼他为说，故引经二开权文为证。

散心讲授者，随宜设化；

此人虽亦凭教讲授，而圆解尚昧，内慧不明，于一家圆具境观未得其所以说。盖文字法师之流，亦应从容观时，随宜而设化之。

一种观心者，从心示之。

此人虽习观心，即白首论心，或谓即心是佛，及上慢暗证之流，不了心具者，彼既偏习观心，故令观时进否，但从心以示其体具之旨。若知体具，内观自明。

若惮教生诤竞者，应当语云：闻已成种，不敢轻汝，汝等行道，皆当作佛。

惮教直不受耳，若诤竞，则又因闻大法非彼所堪，从而起诤毁谤者，当如上不轻、喜根强毒之可也。虽无近益，而有远种；虽因谤堕，后终得脱也。

故大师判教末云：佛法不思议，唯教相难解，二乘及菩萨尚所不能测，何况诸凡夫？而欲判此事，譬如生盲人分别日轮相，欲判虚空界一切诸色像，而言了达者，毕竟无是事。是故有智者，各生惭愧心，自责无明暗，舍戏论诤竞。大师亲证判已，尚自谦喻后辈。余今准此一家宗途，奖导于子，非师己见，子亦顺教，如是流行。

此《净名》文后，大师说偈也。柏庭云：既诫随机，而授道矣！是故以此道，合其顺教道，流行通于后世也。因复引大师判教结劝之文，兼己以谕之，使彼舍己见，唯理是从，不可诤竞，忘我利物，则化导之功大矣。

佛法者，心法也。由心法妙故，佛法所以不可思议，教相又乃吾佛设教，被机之相，惟其机缘差别，是故教相难解。如曰是诸佛境界，尚非等觉已还所知，岂三乘凡圣所能测哉？故吾祖明诫勖之，深有所以也。

野客于是欢喜顶受，自尔永劫，唯奉持之，所在宣弘，不违尊命。敛容再拜，安庠而出。忽然梦觉，问者、答者，所问、所答，都无所得。

客既欢喜，领命弘持。其于弘持也，非三轨可乎？故其敛容也，亦非向来粗犷之时，盖已得之于柔忍矣。故其再拜也，非向来不恒之时，盖已得之于大慈矣。故其安详也，则非向来平立之时，盖已得之于法空矣。

所在弘宣，或以偈结云，我祖毗陵，师尝以梦说梦，梦事不可思了。梦本不实，谁为梦觉者？觉梦两无，有谁问？有谁答？问答了无得，我亦无所得。复以梦圆梦愿，以幻梦思，回施诸众生，同入三摩地，顿空如梦幻。野客既已领命，弘持梦境，于是罢论，而无所得。然则无得而得得之于心，得之无得亦得于心，其于教部权实、佛性进否之旨，洞然于胸中矣！又何偏权之疑哉？

《金錍释文》，莲居仅存，宋人手书梵本，其不坠者，如线矣！乃先师绍觉讲主所珍，欲广流通，未竟斯志。念复依师以来，亲炙其学，不厌诲不倦者，二十年如一日，墓木虽拱，中心无忘，幸值初度刻此，以毕师愿。其本末二文，先未合帙，欲便于览者，籍玄箸、新伊二兄合会焉。更质于尊宿同志，校阅方梓，选径山第一书刻，谋始于仲春佛涅槃日，于本年孟夏佛诞日告成。

卢复记

维时承应甲午中夏下旬，聊应蒙求，草草训之，谨白可畏。愿缘此书，恒为善友，同遇錍医，速决眼膜，亦决他耳！

出版后记

星云大师说："我童年出家的栖霞寺里面，有一座庄严的藏经楼，楼上收藏佛经，楼下是法堂，平常如同圣地一般，戒备森严，不准亲近一步。后来好不容易有机缘进到藏经楼，见到那些经书，大都是木刻本，既没有分段也没有标点，有如天书，当然我是看不懂的。"大师忧心《大藏经》卷帙浩繁，又藏于深山宝刹，平常百姓只能望藏兴叹；藏海无边，文辞古朴，亦让人望文却步。在大师倡导主持下，集合两岸近百位学者，经五年之努力，终于编修了这部多层次、多角度、全面反映佛教文化的白话精华大藏经——《中国佛教经典宝藏》，将佛教深睿的奥义妙法通俗地再现今世，为现代人提供学佛求法的方便途径。

完整地引进《中国佛教经典宝藏》是我们的夙愿，

三年来，我们组织了简体字版的编审委员会，编订了详细精当的《编辑手册》，吸收了近二十年来佛学研究的新成果，对整套丛书重新编审编校。需要说明的是此次出版将丛书名更改为《中国佛学经典宝藏》。

佛曰：一旦起心动念，也就有了因果。三年的不懈努力，终于功德圆满。一百三十二册，精校精勘，美轮美奂。翰墨书香，融入经藏智慧；典雅庄严，裹沁着玄妙法门。我们相信，大师与经藏的智慧一定能普应于世，济助众生。

东方出版社

图书在版编目（CIP）数据

金刚錍／王志远 释译．—北京：东方出版社，2018.9
（中国佛学经典宝藏）
ISBN 978-7-5060-8647-9

Ⅰ．①金…　Ⅱ．①王…　Ⅲ．①天台宗—研究　Ⅳ．①B946.1

中国版本图书馆CIP数据核字（2015）第267706号

本书中文简体字版权由上海大觉文化传播有限公司独家授权出版
中文简体字版专有权属东方出版社

金刚錍
（JINGANGPI）

释 译 者：王志远
责任编辑：王梦楠　杨　灿
出　　版：东方出版社
发　　行：人民东方出版传媒有限公司
地　　址：北京市西城区北三环中路6号
邮　　编：100120
印　　刷：北京明恒达印务有限公司
版　　次：2018年9月第1版
印　　次：2022年2月第2次印刷
开　　本：880毫米×1230毫米　1/32
印　　张：7.75
字　　数：118千字
书　　号：ISBN 978-7-5060-8647-9
定　　价：45.00元
发行电话：（010）85924663　85924644　85924641

如有印装质量问题，我社负责调换，请拨打电话：（010）85924602　85924603